JN066011

商空間の
デザインエレメント

ディテールで学ぶ提案力の教科書

加藤 吉宏 著

学芸出版社

まえがき

拡張する商業施設のジャンル

　現代において商空間は従来の商業施設から領域を広げ、更に細分化している。それは、時代の動向に大きく影響を受けながら、国内だけでなくグローバルな情勢のなかで経済を形成しているからだ。この多様化の時代に商空間は変化を要求されており、その用途の機能を満たすだけでは魅力を与えるものとはならない。

　なぜ多様化し細分化しながら拡張していったのか。昭和初期の商業施設は、ほとんどが専門店であった。しかし昭和30年代後半の高度成長期とともに大型店舗が増加した。それは、商業施設の扱う商品の均一化の始まりであり、それは価格競争へとつながっていった。このような時代を経て、現代においては、ニーズに応じた顧客獲得のための専門性の高い店舗が出現してきた。これらの商空間は、手を変え品を変え隙間を狙ったビジネスを展開している。その結果、商空間の提案においては、表現の手法にも細分化が求められ、ディテールやデザインにおいても多くの表現が必要となっているのである。

　本書は、多様化した商空間に対応したデザインをするために、デザインエレメントを分類し、写真と図面を加えながら解説したものである。商空間にとって重要となる建築計画、ファサード、開口部、色、材質、照明、家具を7つのエレメントとし、それらを25項目のデザインエレメントに分類した。従来型の商業施設にとどまらず、学習塾や学校といった新たな商空間を含め、自身がデザインした58作品74アイテムと関連作品35作品を分かりやすくまとめている。

　建築、インテリアデザインを学ぶ学生や、建築家、インテリアデザイナーの表現力と構成力をつけるためのテキストとしてご活用いただければ幸いである。

もくじ

1章　デザインエレメントと建築計画

プランニングの重要性

　建築では、与えられた敷地により諸条件を得て建物の大きさが決定され、テナントであれば、区画面積内で店舗のプランが始まる。プランは建築を計画するのに最重要であり、空間の総合的な諸条件を満たした結果といえる。

　商空間を計画するにあたり、3つの条件を満たす必要がある。第1に「機能的条件」として、店の用途に必要とされる諸室の機能性、第2に「経営的条件」として、店の利益やスタッフの人数による設定、第3に「デザイン的条件」として、店の総合的なコンセプトとデザインにより店のイメージを決定することである。

　この「平面構成の3条件」を組み立て、総合的にプランを進める。デザイナーは常にこの3条件を同時にプランに反映させ、足りない条件を補い、店舗としての要件を満たしていく。商空間として捉えられる用途の裾野が広がる中、それらを計画するにあたって、どこから計画をスタートし、どこへたどり着き、その計画にどのようにデザインを絡めていくかを考えることが重要である。

1 飲食店の計画

客席がプランを決定する —— 開く空間・閉ざす空間

　テナントによる商業施設には、新装工事と改装工事がある。特に飲食店の厨房の位置は、テナントの建築的条件によっても異なるが、給排水などの設備計画に大きく関わり、工費にも影響する。飲食店の計画は、大きく分けると厨房と客室から成立している。この関係が機能的に配置されていないと最終的には魅力的な空間デザインにつながらない。

　和食「澤正」は、うなぎと割烹の飲食店である。商業ビルの1階テナントで床面積250m^{2}の店舗である。店舗（図1）は2面が道路に接しており、エントランスの位置については選択肢があった。長手面の東側は、エントランスまでのアプローチを確保でき、駐車スペースや庭園などの機能と演出に配慮できる。客室は、6つのエリアに分けられ、それぞれが隣接する空間の関係性と機能としての必要性により計画されている。

　第1客席は、エントランスからウェイティングスペースに隣接し、4人テーブルが4卓の開放された空間である。この地域はオフィス街なので、昼食時にある一定の人数がまとまって集客できるからだ。

　第2客席は、2人用のベンチタイプの客席である（図2）。このベンチタイプの2人用は、昼食時の単独客に有効となる。2人用テーブルを1人が専用する場合でも稼動率は50%となるが、それが4人テーブルであれば25%の占有となってしまうのである。夕食時においてもカップル対応や、テーブルの移動により2人の倍数での客席の対応が可能となる。

　第3客席は通路際に配された単独テーブルで、厨房と個室への動線にあたり、少々視線が気になる客席ではあるが、席の前後は布によるパーティションで軽く仕切られている。このような配置は、横に広がる客席よりも

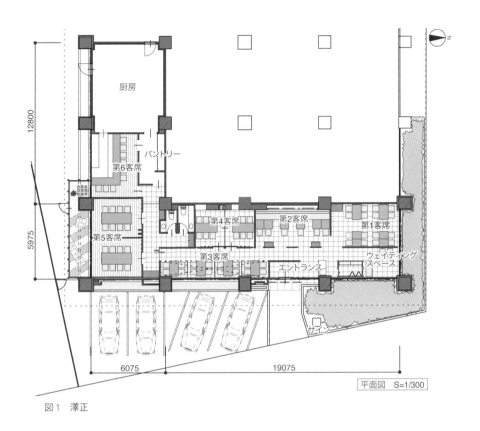

厨房

パントリー

第6客席

第5客席

第4客席

第2客席

第1客席

第3客席

エントランス

ウェイティング
スペース

サイン

12800

5975

6075

19075

平面図　S=1/300

図1　澤正

図2　2人用ベンチタイプ席を見る

壁のない個室感が得られる。

　メイン客席であるこれらの3つの開放された空間は、その使い方を明確にするための区画として壁だけに頼らず、格子を用い見え隠れする空間のつながりを柔らかく演出した（図3）。この格子は、間仕切りとしての役割を果たしつつデザインの核となる存在である。

　第4客席は、6人用客席が2つつながる個室である。両室間の壁はスライディングウォールにより開閉でき、最大12人用として2室がつながる個室として使用できる。

　第5客席は、8人収容の個室（図4）2室が一体となり、16人ほど収容できる。第4客席と同様に個室間の壁を、天井までのスライディングウォールとしてある。この程度の床面積があれば、客席としての使い方を選択することが可能になり、それが店としての回転率の向上につながる。

　最後の第6客席は、厨房に連結した9人収容できる割烹用カウンター席である。小規模店舗の割烹料理店であれば、この収容人数で店として完結できる大きさと言ってもよい。この店舗は、Lの字型の平面形状なので、外部からの搬入や、割烹用カウンター席（図5）を独立させるために、奥に厨

図3　第2客席より格子自立壁を見る　　図4　8人用の第5客席から庭を見る

房を配置するのが都合がよいのである。通常、厨房を店舗の中央あたりに配置し、サービス動線距離を短くすることが基本ではあるが、平面形状のサイズや経営コンセプトなどの方針により異なるものの、何を主体として計画することがその店にとって最重要であるかを優先しなければならない。

単位からプランへ

　店舗の床面積がどれだけ大きくても、物のサイズや間隔といった計画上の単位によって空間のイメージや機能が異なることは当然である。店に合った物のサイズや間隔などは、その店のコンセプトによって大きく左右される。立地条件によって客層を見極め、1日の集客人数と回転率を検討することは、商業施設において最も重要である。

　単位とは、飲食店の計画でいうと、客席と厨房の割合にもあてはまる。「澤正」では、客席と厨房の比率は3：1程度である。厨房の面積は、料理のメニュー数や厨房機器の選択によって変化する。この比率は、集客人数と回転率にも影響するため、クライアントの目指す営業方針を十分理解した上で決定すべきである。

　ウェイティングスペース（図6）も昼食時間帯を重視すればある程度のス

図5　オープンキッチンのカウンター席（第6客席）を見る

図6　ウェイティングスペースから客席を見る

ペースが必要になるが、ディナー中心であれば予約客の比率が高くなるため、ただ待つ場所というよりホールとしての空間演出を強くすべきである。

　椅子とテーブルの大きさとその間隔、それらをつなげる通路の幅などは、プランに直結し、店のイメージやデザインに大きくかかわる。例えば椅子の幅が3cm小さくなり、テーブルの長さと奥行きが5cm短くなったら計画は大きく変化する。基本的な4人席の必要スペースを2.2×1.2mとするならば、上記のテーブル、椅子のサイズ変更で約5%縮小する。これは、商業ビルのテナントであれば、客席数を増やす事につながり、戸建ての商業施設であれば床面積の減少となって工事費削減に直結する。

　テーブルは、ほぼ製作を基本としているのでサイズは自由だが、椅子には製作と既製品の選択肢がある。空間のイメージに既製品がどうしてもそぐわない場合は、サイズとデザインを特注で製作することも可能である。規格品の場合は座面や背高、脚の角度をチェックのうえ、プランに反映しなければならない。

開く空間、閉ざす空間

　日本の飲食店では、意外に個室が好まれるように思われる。料理のジャンルによっても異なるが、個人的には、大勢で食事ができる空間の方が食に対する臨場感が増すと思う。しかしながら、現代の飲食店では個室を計画に入れることが多い。それはグループ単位の利用者に求められる空間である。単調な大空間では飲食店としての演出性に欠けるため、店の規模に応じた程よい単位を見いだすことが重要である。それは空間のつながりを保たせながら、見え隠れし、賑わいの余韻は感じられる間合いを作ることである。同一空間でありながら小単位の構成とすれば、動線やサービスの効率は上がると考えられる。

　個室の数は、店ごとの考え方と客層により変わるが、集客人数のフレキシビリティを追求するのであれば、「澤正」の計画のように、同単位の空間を2つ作り一体化することが望ましい。しかし、個室である以上プライ

バシーの確保を考慮しなければならないので、スライディングウォールの防音性能を向上させる必要がある。

　カウンター席は、日本古来の外食文化の流れなのか、間合いを気にかける日本人に親しまれたスタイルである。欧米のレストランでは、トーネット社の小椅子に2人用のテーブルを並べる場合、隣とのクリアランスは20cmほどの狭さで、奥の席に入る時はウェイターがテーブルを引いてくれる。欧米では、そのようなスタイルは当たり前で不思議ではない。やはり、握手の文化とお辞儀の文化との距離感の差である。そうなれば、カウンターは、日本的でありながら日本人的な気質とはずれが生じるが、カウンター席では、客が料理人の手元を見て料理のプロセスを感じられることが重要で、カウンター席はその時間を共有させるための道具であり、それがその役割ともいえる。「澤正」では、カウンター席を特別な閉ざした空間に計画したが、開かれた空間の場合においても、和食のカウンター席の見せ方を十分配慮した演出と、もてなす側と客との間を表現できる計画が望ましい。

狭小間口のプランをどうさばくか —— 客席に個室感を持たせる

　「もつ鍋 新羅館」は、路面店の1階、床面積は120m^2（図7）で、以前にも飲食店が入っており、厨房区画を一部利用しながら計画した店舗である。狭小間口の細長い空間で、以前の店の時期から中央部にあった厨房区画に新たに機器のレイアウトをした。大型店舗で平面形状が良ければ厨房位置の変更も視野に入るが、120m^{2}程度で狭小間口の形状であれば現状位置を再利用した方が、給排水設備費が削減できることは当然である。

　最近では、飲食店のジャンルだけでその空間の内容が予想できることは少ない。従来のようなコンセプトの提案では、ユーザーは満足するものではない。この「もつ鍋 新羅館」においても、もつ鍋のイメージを変える計画とするためには、やはり狭小間口だからこその提案が必要となる。

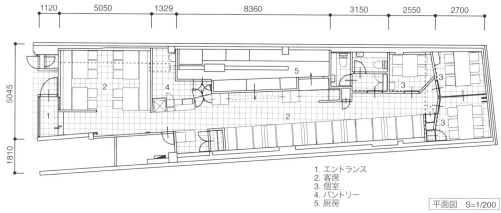

1120　5050　1329　8360　3150　2550　2700

5045

1810

1. エントランス
2. 客席
3. 個室
4. パントリー
5. 厨房

平面図　S=1/200

図7　もつ鍋 新羅館

　まず、客席を3つの空間から構成した。この店舗の計画の中心となるのは、厨房前の客席である。有効スペースは約3mの空間で、通路と客席、そして厨房前パントリーとしての3つの機能を成立させなければならない。いわば一番悪い席といってもよい。

　客席は、通路に平行か垂直かのどちらかの配置しかない。平行に配置すれば客席と通路しかとれず、パントリー機能を組み込むことが不可能となり、おのずと垂直型を選択することになる。これは電車の席のようなものである。この厨房前スペースの機能を整理してみると、厨房から料理が出され、それをスタッフが客席に対し背を向けて受け取り、料理を運ぶ。その脇で客は食事をするのである。プライバシーを確保するのであれば、むりやり4人用の席を仕切ることも可能であるが、息が詰まる余裕のない空間になってしまう。それらの機能性を確保し、さらによりよく食するための空間をつくる上での問題点が、平面的形状から整理された。

イメージとしての個室

　通路にテーブルを直交する配置でプランするなか、通路側は開放していても、客席の前後はなんらかの形で仕切るプランにしたい。しかし、仰々しい壁にするとより閉鎖的になり、通路脇のイメージが際立つ。ならばと、

図8　アンリ・マチス「ダンス」（出典：『マチス展』中日新聞社、1991 年）

図9　エントランス近くの客席ベンチシート

椅子の延長でハイバックの背にする案に帰着した。ハイバックというだけであれば、それはアイカットの機能として存在するだけだが、あくまでも、この客席のコンセプトは、目に見えない壁に囲まれた個室を感じられる空間をつくることである。ハイバックをより壁のイメージに近づけるためにベンチシートとし、その延長線で背が壁となるデザインで落ち着いたが、なぜか重苦しく暗さを感じさせるため、決定まで至らなかった。その時、私の好きな画家の１人である、アンリ・マチスの「ダンス」（図8）の絵画に目がとまった。女性の流線型の体のラインと、手をつないだ一体感と連続性が躍動感を与える絵画に、区画するだけでなく動きをもつ一体感を表現することが重要であることがわかったのである。ベンチシートの背の一部を天井まで上げ、全てのハイバックの形状（図9）を変えることで、躍動感を表現することができた。この条件の悪い通路際の考え方が、他の客席のプランとデザインを決定させた。

部分のコンセプトをひろげる

　ベンチシートの背をハイバックにしたデザインを、他の客席においても同様のコンセプトによって展開した。エントランスを入ってすぐの客席は、4 テーブルで 20 人収容の空間である。両サイド壁付の客席は通路

席同様のベンチシートで、壁一面をハイバック（図10）とし、その一部分を湾曲にえぐり取り、壁とのクリアランスから間接光で演出した。大きく湾曲した動きのあるハイバックは、この空間では全体を包みこむような役割を果たしている。全体計画のなかで客席ブースの考え方が計画の中心となって、機能と表現がデザインとして結びついた店である。部分が全体を支配し、全体がより部分を具象化した一例である。

環境を含めてプランをつくる

　路面店の商業施設では、外部環境の利用方法が重要となる。「新羅館 名東本店」は、敷地面積1180m^{2}で、床面積488m^{2}の大型焼肉店である。敷地状況は、主要な道路から裏の道路に向けて約1m高くなっている。この敷地は、3方が道路であるため、アプローチする道路を決定しなければならない。接する道路が多ければ、まず一番に道路から駐車場に入りやすいかを検証する必要がある。それは一方通行なのか、生活道路なのか、交通量が多いかなどの点である。この敷地が接する道路は、北東側の生活道路と北西側の直行する道路、そして南西側の道路である。敷地形状として収まりが良いのは、北東側の生活道路であるが、横断歩道があるため、右折車の入りづらさを考慮して、北西側道路から導入できる計画とした。この道路状況から、南西側道路をバックヤード側とし、敷地の約半分を駐車場とした計画の平面的なアウトラインが決まってくるのである（図11）。これらの作業は、同時にファサードのデザインの見せ方にもつながる。

ゾーニングからイメージが見えてくる
　ゾーニングは、機能と空間とのつながりをフレームにより検討する作業である。当然ながら複数の選択肢を得て形作っていくものだ。空間のコンセプトと外部環境との関係性をはかりながら、建物のゾーニングにおいては、駐車場からエントランスホールを東側の隣地側とした。そうすること

図10 自立したベンチシートで区画され
た通路際の4人席

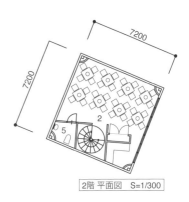

2階 平面図　S=1/300

1. ホール
2. 客席
3. パントリー
4. 厨房
5. WC

1階 平面図　S=1/300

図11　新羅館 名東本店

で、中央部に中庭を設け、開放感を持たせた。厨房、バックヤードスタッフルームは南側道路側とし、バックヤードとしての機能性を考慮して配置した。客席は、中庭を中心に時計回りに配され、最終部から2階の客席へと上がらせる。2階は西側道路に面し、デザイン的なキャッチとなるように計画した（図12）。概ね、ゾーニングによって具体的なプランとしての機能性とデザイン性を考慮した。ゾーニングの段階から、プランとしての骨格を作り、また空間としての大きさなど全体像としてのイメージが見えてくるのである。

プランでストーリーを作る

　ゾーニングが決まれば、次に機能的な内容を決めながらプランを進めて行く。建物プランと外構プランは同時進行で進めるため、その接点である建物へのアプローチのとり方が重要となってくる。駐車場から建物へのアプローチは、約1m階段で上がり、列柱壁により中庭が見え隠れするように配置されたエントランスホールへと導入される。エントランスホールは、ウェイティングとキャッシャーの機能を持ち、楕円形の平面形状で、ガラスに覆われた白い空間である。

　円弧を描いた客席は、通路を挟んで両側に配置し壁から跳ね出した自立壁により緩やかに区画され（図13）、デザイン的にも奥行き感のある客席となった。どの席からも中庭を眺めることができ、中庭の中央には楕円形の水打ちがある（図14）。その上部にはね出したステンレス製のオブジェのようなボックスで炭をおこしており、そして炭を各テーブルのロースターに提供するという演出である。水打ちを囲む様にガーデン席を配している。

　客席は一部を座敷席（掘りごたつ式）とし、6〜8人テーブルで構成している。靴を脱ぐのを嫌う客層もいるが、近年座敷席は幼児のいる家族には人気が高い。この店の座敷席は、中庭に対して中央部付近に家族客がゆっくりと楽しめる場所に配置した。広い客層に応じたプランとするために、

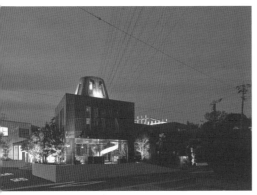

図 12　西側からのファサード

図 13　1 階客席よりホール側を見る

図 14　中庭の水打ちから客席を見る（撮影：加斗
タカオ）

図 15　2 階、2 人用客席の高天井

ターゲットに応じた客席スタイルを計画すべきである。

　2 階席は 2 人用とし、中庭と建物を見下ろすことができるカップル席と
している（図 15）が、独立性が高いので、個室としても利用することが
できる。郊外型店舗では、客層に応じたプランは建物のファサードに大き
く影響を与えるので、プラン段階で経営的なコンセプトを確定しておかな
ければならない。

2 物販店の計画

ディスプレイがプランを決定する 1

　物販店の種類は数えきれないほどであり、専門店・量販店などの種類や、商品自身のグレードによっても見せ方、売り方は千差万別である。そのためには対象となる商品をしっかり理解することが重要だ。では理解とはなにか。それは、商品の価値とデザインの方向性を理解することである。商品を研究し、物の差異を学ぶことが、優れた見せ方を可能にするプランにつながる。

　「ムーンフェイズ銀座店」は、テナントビル 1 〜 3 階の 142m² のリストウォッチのショップである。1・2 階をショップとし、3 階を事務所としている。物販店が立ち並ぶ中、ショップのファサードは重要だ（図 16）。この場合のファサードは、建築的な構築としてのファサードではなく、ショップの商品がどれだけ魅力ある見せ方をされているかである。貴金属のショップは、ブランド直営店であれば大きな面積の売り場で商品数を少なく、より高級感をイメージする演出が多いが、セレクトショップの形態であれば、小さい面積の中で効率よく商品数を多く持ち、かつ高級感のあるディスプレイが必要となってくる。

　「ムーンフェイズ銀座店」は後者の形態をとるショップである。ワンフロア 45m² に、機能性と演出性を考慮しなくてはならない。商品ディスプレイが、ファサードとしての機能を果たし、ショップへの導入を図るための一番の要因となる。ガラス張りのショップは、ほぼ店内を見渡すことが可能であるため、スタッフとの距離が近く入りづらい店にならないようなプランとしなければならない。

　そこで、ショップへの興味を持たせるのに重要な、歩道から一番近い商

図16 前面道路からのファサード

図17 1階ショップスペースよりカウンターを見る

1. ショップスペース
2. 商談スペース
3. バックヤード
4. ディスプレイ家具
5. カウンター
6. プラントボックス

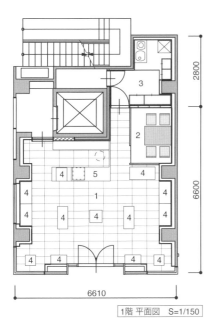

1階 平面図 S=1/150

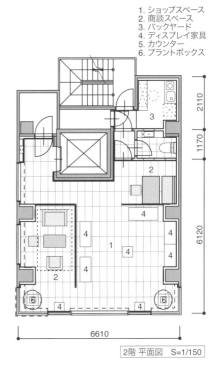

2階 平面図 S=1/150

図18 ムーンフェイズ銀座店

品ディスプレイを両サイドに自立したショーケースとした。このショップの商品構成のイメージを定着させる大事な箇所であり、店内に導入させるきっかけをつくるディスプレイである。このショップでは、中央部には独立したショーケースを置いて回遊させる動線とし（図 17）、それらのショーケースには商品数を少なくしてより滞在時間を長くとれるプランとした（図 18）。しかも中央のショーケースを中心に両サイドに同様のショーケースを配置し、左右で同じ動線としている。その先の壁際のディスプレイでは、多数の商品を展示できるショーケースとして選択肢の多さを感じさせ、左右で同様のディスプレイとなるプランとした。ワンフロア 45m^2 で、カウンターまわりと商談コーナー、バックヤードの面積を抜くと 28m^2 ほどの店内で、16m ほどの歩行距離をかせぐことができる。

　さらにツーフロアに分かれたショップの 2 階へはエレベータで移動し、店内も異なるインテリアデザインとしている（図 19）。当然ながら、1 階とは商品構成も変えながら、さらにゆったりと滞在できるプランとしている。ソファを置いた商談コーナーを 2 ヶ所設け（図 20）、見る楽しみと選び迷う楽しさを長く味わえる空間である。

　この 2 つの空間は前面道路から眺めることができ。デザインの異なる空間と商品ディスプレイの異なるプランが外部にまで表現できたインテリアとなった。

　多くのショップが商品のディスプレイからプランを進めるが、それらを主体にせず作られた「プラダ・エピセンター・ニューヨーク」（設計：OMA）は、商品を売る空間であると同時に「どのような空間でもショッピングの場（図 21）になりうる」というコンセプトのもと、多様性の高い空間をもつことで、モードとしての自由性やアート性を打ち出したショップである。新たな役割を備えた商空間としてのエピセンター（震源地）となっている。

図19　2階ショップスペースを見る

図20①　2階、個室感のある商談スペース

図20②　2階、オープンスペースの商談スペース

図21　OMA「プラダ・エピセンター・ニューヨーク」
（出典：OMA HP、https://oma.eu/projects/prada-epicenter
-new-york）

ディスプレイがプランを決定する2

　物を売る以上、売り方があるのは当然である。例えば花は物であるが生き物であり、単品としては取り扱いにくいことから、複数でディスプレイ

となる。単に空間に花がところ狭しと置かれていれば成立するのではなく、また種類の多い花の全てを理解することは困難である。

　したがってフラワーショップでは、ディスプレイの手法によってプランを検討し、店の形状に応じてディスプレイの方法を検討していく必要がある。無造作に飾り自然感を出していくプランもあるが、店舗面積が大きくなるほど花の見せ方と売り方をよく考えなければならない。

　「名花園」は、約 140m^2 の面積で、見せ方を重視したプランが適したサイズであると思われる（図 22）。花の見せ方は、大きく分類すると 3 タイプに分けられる。まずは、床置き、テーブルなどの台、そして隙間などの設定された場にディスプレイする場合だ。それ以外に冷蔵保管スペースも同様にディスプレイの場として重要である。

　エントランスが 2 ヶ所あるこのショップは、どちらからアプローチしても一番目に付く箇所に 1.2m×1.8m のディスプレイ台を設けている（図 23）。この台は、上部と下部にもディスプレイすることができる。上部はほぼテーブルの高さによるもので、下部は床面より 12cm 上がったディスプレイ台となり、上部の台からのライティングによる見せ方になっている。この様な床面に近い位置でのディスプレイは一般的な手法ではないが、エントランスを入ってすぐにキャッチされるようにすることは重要である。

　飾り棚の上下の隙間の様な部分にディスプレイする手法では、展示スペースの大きさによって花や植物の選択が可能となり、季節に応じたディスプレイにすることで、ショップの印象を常に変えることができる（図 24）。

　フラワーショップでは、花を飾るだけでなくフラワーアレンジメントも重要な要素である。デザイナーがゲストの前でアレンジメントするパフォーマンスを見せる場も必要だ。このショップでは、アレンジメントカウンターはゲストのウェイティングスペース前に配置し見せることに徹している。アレンジメントカウンターは、キャッシャーをも兼ね、カウンターバックにはラッピングや花瓶などをディスプレイできるようにしてい

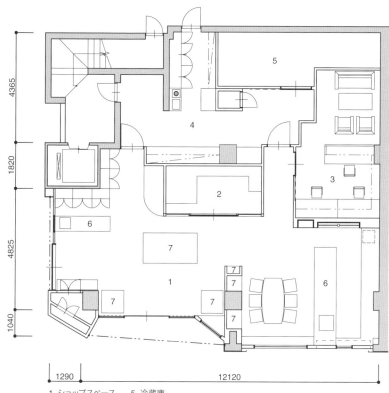

1. ショップスペース　5. 冷蔵庫
2. フラワーキーパー　6. カウンター
3. オフィス　　　　　7. ディスプレイ
4. バックヤード

図22　名花園

平面図　S=1/150

図23　ファサードより中央ディスプレイ台を見る

図24　フラワーキーパー（右）と中央ディスプレイ台

る（図 25）。

　フラワーショップのプランでは、花の種類や季節ごとの対応が可能なプランニングが必要となってくる。花の保管スペースを単に冷蔵庫という機器と捉えてしまえば、空間としてのコンセプトからかけ離れてしまうが、冷蔵庫が大きい物になれば、なおさら演出のひとつとして重要な物になってくる。このショップの冷蔵庫は、スチール部分と内部に置く水差しボトルをテーマカラーであるワインレッドにしている。花を見るだけでも十分に美しいが、その花をどのように見せるかによって花を生かすことができる。そしてその花を手元に置きたいと思わせることが重要である。

空間のコンセプトが物を演出する

　「アルマ・エスパシオ」は、集合住宅の 1 階テナントに入る、デザイナーである。自身がデザインした家具やカップを販売するショップの例である。通常、物販店は商品数によって売り上げが左右されるため、できるだけ多くの商品を並べられるデザインになりがちであるが、このショップのように、多くの商品を並べることにこだわらず、商品のコンセプトを空間へと転化させる手法もある。

　このショップの空間コンセプトは、自然素材に手を加えることを最小限にしたデザインで空間を作り上げることであった。このショップは85m^{2}の床面積だが、床の約 70％が豆砂利敷で（図 26）、その部分は歩くことができない。エントランスから内部への動線は、豆砂利敷の中に飛び石風に配置された鉄板により導入する。ほとんどの商品はこの豆砂利敷の中で展示されており、それ以外は豆砂利コンクリート部分が島のように点在している計画である（図 27）。商品を見せるための家具などをデザインするのではなく、空間のコンセプトの中で展示方法を計画しているのだ。

　各部のエレメントにおいても、自然素材を使うことで、ショップの自然感を打ち出した展示方法とした。壁においても生鉄の素地を使用した。鉄

図25　ウェイティングスペースよりカウンターを
見る

図27　エントランスより店内を見る（撮影：加斗タ
カオ）

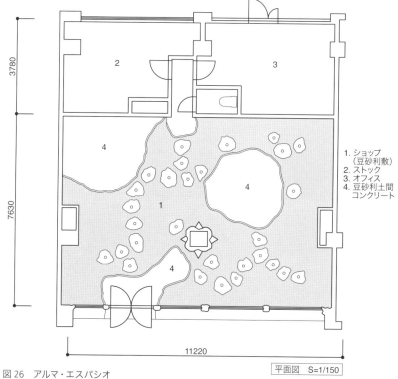

1. ショップ
　（豆砂利敷）
2. ストック
3. オフィス
4. 豆砂利土間
　コンクリート

図26　アルマ・エスパシオ

平面図　S＝1/150

はそもそも建築の仕上げなどで使用する場合は、錆止めのためにも何かしらの仕上げを施すのが常識だが、仕上げでは着色仕上げとせず、鉄の素材そのままとした。空間のテクスチャーの度合いを統一するためである。しかし、生鉄は黒皮状態で若干の色むらがあり、空気中の湿気でも錆が出るため、仕上げに透明のウレタンクリアを焼き付けして錆が出ないように保護することで、1枚ごとの素材感の色むらでより自然感を表現することができた。

　「DESCENTE BLANC 福岡」（設計：スキーマ建築計画）では、ディスプレイのハンガーパイプは常設ではなく、ワイヤーの自動操作によって天井まで上げることができる（図28）。部分的に天井に上がったディスプレイは倉庫的な扱いも可能となり、ディスプレイの方法を変えることができるのだ。このように、商品の見せ方と売り方が空間のコンセプトを刺激し、新たな表現となっていくのである。

図28　スキーマ建築計画「DESCENTE BLANC 福岡」（出典：『商店建築
2016 年 2 月号』商店建築社、2016 年)

3 ヘアサロン（サービス店）の計画

セットミラーの造形が平面計画を決定する

　ヘアサロンでは空間の大きさとセットミラーの数によって平面計画が左右される。「ビ・フェスカ」では、床面積が大きくセットミラーが少なく計画されており、ゆったりとした平面計画となっている。このような場合

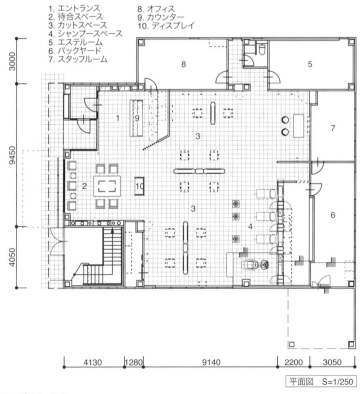

1. エントランス
2. 待合スペース
3. カットスペース
4. シャンプースペース
5. エステルーム
6. バックヤード
7. スタッフルーム
8. オフィス
9. カウンター
10. ディスプレイ

平面図　S=1/250

図 29　ビ・フェスカ

図 30　方向の異なるセットミラーのレイアウト

は、店舗内の中央部にセットミラーを配置し、その他の機能を周辺に置く
ケースが一般的だ（その逆に小規模の店舗では、壁際にセットミラーを配
置し、スタッフと客の動線を簡素化する）。

　自由に配置された 5 つのセットミラー（図 29）の両面を使い、10 人が
同時にカットできるようにした。セットミラーは、2 連のものが 2 つと単
体が 1 つで、それらは方向性を変えて動線を単調化させないようにした。
ゆとりのある店舗ならではの計画手法である。セットミラーのデザインに
おいても、ゆったりとしたサイズ感のあるものとし、壁としての存在感も
出している（図 30）。

光庭を中心に機能的なプランにする

　戸建の計画では駐車スペースからの動線と外部環境との関係性が大きな
影響を与えるが、ヘアカットの機能を考慮すると、自然光の取り入れ方に
ついて、空間デザインとプランニングとを両立したデザイン手法をとらな
くてはならない（図 31）。戸建の店舗であれば自然光を十分に取り入れた
いが、必ずしも良い結果とはならない。自然光でも直射日光は避け、間接
的な光が好ましい。

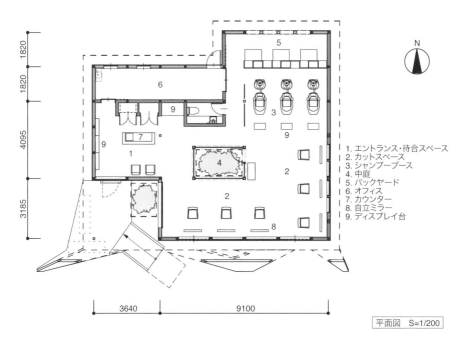

1. エントランス・待合スペース
2. カットスペース
3. シャンプーブース
4. 中庭
5. バックヤード
6. オフィス
7. カウンター
8. 自立ミラー
9. ディスプレイ台

平面図　S=1/200

図 31　ウエストリー

図 32　駐車場よりファサードを見る

ヘアサロン「ウエストリー」のファサードにおいては、片流れ屋根がそのまま外壁となり、その外壁を部分的に開口としている（図32）。庇と覆われた外壁により、直射日光を避け、心地よい外光を取り入れることができる。ファサードでは、内部空間が部分的に見え隠れするため内部の様子を窺うことができ、夕暮れには切り取られた外壁からライティングされた空間が印象的なデザインとなる。

　この計画では内部空間にガラスに囲まれた小さな中庭をとり入れることで、ワンルームの動線を区画することができた。この中庭の緑化は、自立鏡に映し込まれ外部環境とのつながりを生み出し（図33）、柔らかな自然光が空間に差し込まれる。外部環境へと開かれながらも、心地よく見え隠れできる屋根延長の外壁は、内部空間と同様に木の表し仕上げとし、一体となるデザインとした。

　開放的でありながらも個室感のある「ロータスビューティーサロン」（設計：中村拓志＆NAP建築設計事務所）の計画は、カットスペースで座った状態で頭部が隠れる高さまでを壁とし、スタッフは顔が出る状態となっている（図34）。曲がりくねった動線をゆく先がプライベートのイメージを感じさせ、カットスペースの天井は空間全体に広がっていき、個と全体が心地よくつながりをもつ空間である。

図33　カットスペースから中庭を見る

図34　中村拓志＆NAP建築設計事務所「ロータスビューティーサロン」（出典：『ja THE JAPAN ARCHITECT 114.SUMMER 2019』新建築社、2019年）

4 オフィス（業務空間）の計画

企業のアイデンティティをプランで表現する

　「ピアーサーティー西日本 本社ビル」は、日本全国で飲食店を展開している企業オフィスの事例である。業務空間は、企業としての方針を計画に反映することが望ましい。この事務所では、飲食店として重要である新たなメニュー開発のためのテストキッチン機能を併設している。このテストキッチンを計画の主軸とすることで、企業としてのアイデンティティを表現した。そもそもテストキッチンは計画上裏方に位置するという考え方が一般的ではあるが、あえて前面に押し出したコンセプトとし、食へのこだわりを打ち出すことで、企業としてのイメージを作っている。この事務所ではテストキッチンをエントランスホールまで前面に押し出し、しかもガラス張りとして表面化させた（図35）。

　間違いなく飲食を主体とする企業であることを示し（図36）、そして整

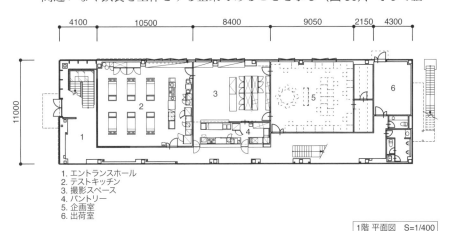

1. エントランスホール
2. テストキッチン
3. 撮影スペース
4. パントリー
5. 企画室
6. 出荷室

1階 平面図　S=1/400

図35　ピアーサーティー西日本 本社ビル

然と配置された清潔なキッチンとすることだけで、余計な表現など要らないのである（図37）。企業にとって何を一番に伝えなければならないかを見極めることが重要である。

　「LINE オフィス」（設計：サポーズデザインオフィス）では、コミュニケーションを図れる空間が様々なスタイルで設けられている。これらのオープンスペースが新たな働き方の形をつくり（図38）、固定された空間ではなく、色々な機能がつながることで、仕事の仕方を選択できるような仕組みを持ったオフィスとなっている。

図 36　エントランスよりテストキッチンを見る

図 37　テストキッチンからエントランスを見る

図 38　サポーズデザインオフィス「LINEオフィス」
（出典：『商店建築 2018 年 10 月号』商店建築社、2018 年）

5　学習塾の計画

学習塾＝新たな教室という考え方

　小学生対象の学習塾「モノリス・ラボ 7」は 233m^2 の商業ビルのテナントに作った学習塾である。そもそも学習塾は、教室さえあればあえてデザインや計画などなくても存在できる。しかし、小学校では教室や廊下の間仕切りがなく、開放されたオープンスクールというプランが多くなっており、昨今では、帝京大学小学校（設計：隈研吾建築事務所）のように、教室と廊下を一体として利用できる新たな計画の小学校もできている。学校と学習塾では計画のあり方は異なるが、この学習塾は、ただ教えるための空間ではなく、開放的なプランとしたいという根幹的な考え方を持って進められた。クライアントであるモノリスは、この塾の学習コンセプトとして、オランダで定着している教育法であるイエナプランを取り入れた学習塾としたいとの要望であった。この教育法は、先生から生徒への一方的な指導法ではなく、生徒が自ら勉強の課題を定義し、生徒間の議論の中でコミュニケーション能力をつけ、考える力を養うものである。その時、先生は指導者というより、生徒たちの相談役としての存在となる。

開放された区画

　もはやこれだけのコンセプトがある以上、ただ廊下と教室があるようなありきたりなプランは提案できない。求められる空間の機能は、先生たちが常時業務をする空間、そして教室、もう 1 つが生徒たちの待ち合い的な勉強空間である。通常であれば、先生たちの空間は「職員室」だ。この名称がついた時点で空間は区画され、生徒たちとの距離が生まれてくる。「ラボ 7」の学ぶ空間は、7 人の生徒と 1 人の先生のための最小限のスペースで、

授業の時には円形の可動式の壁が仕切りとなって空間をつくる。今までの壁で囲まれた教室とは異なり、環境から自由な発想を導くことができるのである。円形の学びの空間は中央に3つあり（図39）、生徒の人数や使用する状況に応じて可動式壁を開放することで（図40）、大きさを調整することができる。しかし、可動である以上、しっかりとした防音性能をもちえた空間にはできないが、むしろ曖昧でラフなビニール素材でできた仕切りにすることで（図41）、空間としてのヒエラルキーを感じさせず、より自由度の高いプランとなった。教え方が変われば学び方が変わる。そして、その状況づくりには、環境としての空間における新たな発想が必要となってくる。

遊び場のような学び空間をつくる

　「シーガルスクールセカンド」は、小学校低学年を対象とした学習塾である。そもそも、学習塾は学校での勉強を補う場であったが、この塾では、学ぶ楽しさと楽しく学べる環境を提供する空間である。エントランスホールには、先生たちのテーブルが置かれ、子どもたちを迎えられるように配置されている（図42）。このホールは先生たちの業務の場であり、子どもたちの本が置かれている図書室でもある（図43）。先生のそばで自由に学び読書することができる。空間には、本棚やベンチがランダムに配置され、開放性がありながらも区画された部分では落ちつくことができる。このように物を中央に配置することで見通しを防いでいるので、教室の壁の素材はクローズとせず、光を通す塩化ビニール系を使用し、内外部のシルエットが見えるような、圧迫感のないデザインにした（図44）。閉鎖的で区画された小学校の教室では感じられない、声や動きなどの表現を微かに響かせることが楽しさに繋がり、学習塾ならではの学ぶ環境となっている。

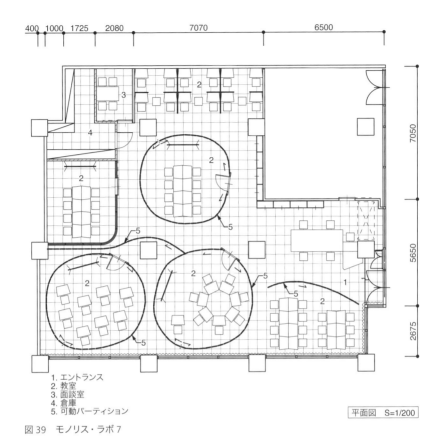

400 1000 1725 2080 7070 6500

7050

5650

2675

1. エントランス
2. 教室
3. 面談室
4. 倉庫
5. 可動パーティション

平面図　S=1/200

図39　モノリス・ラボ7

図40　開かれた可動パーティション内から見る

図41　エントランスより可動パーティション教室を見る

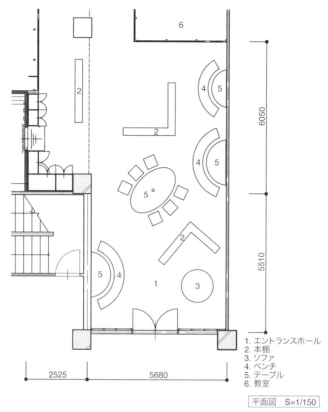

1. エントランスホール
2. 本棚
3. ソファ
4. ベンチ
5. テーブル
6. 教室

平面図　S=1/150

図 42　シーガルスクールセカンド

図 43　エントランスより本棚などの空間を見る

図 44　光を通す塩化ビニル系の壁

6 学校の計画

学び空間を開くデザインにする

　岐阜医療科学大学 可児キャンパスの食堂とラーニングスペースの事例では看護学部に加え新たに薬学部が開設されることを見越し、400 人が一度に食堂を利用できる施設を計画した。食堂は 1・2 階とし、一部のラーニングスペースと外部テラスでも食事をとることができる。4 つの空間を新たにデザインし、学生たちが利用できる多機能な空間とする提案とした。現在、大学の食堂は一定の人数を昼食時に収容するための均一な計画だけでなく、商空間的なデザインの要素が含まれるようになってきている。それは、食堂に限らず、勉強する場においても同様で、ラーニングスペースは学生が 1 人から 2 人、また複数人の単位で自由に勉強ができる空間として一般化している。しかしながら、学校や個人によっても異なるものの、多くの学生たちの学校での滞在時間は減少しており、一方で、多目的型の図書館やカフェなどの施設での勉強を好む傾向にある。恐らく、それは決められた勉強の場としての空間ではなく、勉強もすることができる空間をわざわざ選択していると思うのである。多様性を発する場を見つけ出すことは、学生にとって自身の学び方を触発させる空間であることは間違いない。この大学の食堂とラーニングスペースが大学の中での学びの時間を長くし、新たな多様性を追求することができる空間となることを願うものである。

音カフェ
　1 階メイン食堂の「音カフェ」では 137 人ほどが食事をとれる。昼食時以外の時間帯では、自由な空間として、また学びの場として利用できる（図

45）。テーブルの形態はハイテーブルやビックテーブルなど、デザインや利用人数においても自由度が高い。音カフェの命名通り DJ ブースがあり、そこでは軽音楽を流し、また校内の情報発信の場としての役割も果たしている（図46）。時には、地元のラジオ局とのコラボでサテライトとして利用される予定である。この空間は「音」を取り入れて活用することで、街のカフェとなんら変わりのない食堂であり、学びの場としての空間となるのである。

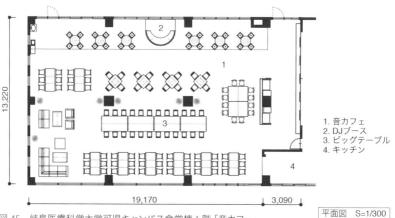

1. 音カフェ
2. DJブース
3. ビッグテーブル
4. キッチン

平面図　S=1/300

図45　岐阜医療科学大学可児キャンパス食堂棟1階「音カフェ」

図46　1階音カフェのビッグテーブルを見る

本カフェ

　2階は、軽食とコーヒーなどが飲めるカフェであり、持ち込みでの飲食も可能な「本カフェ」である。この空間では、本を置くことにより、音カフェと同様に多目的な利用が可能となる。本来の用途は飲食の場であるが、本を置くことで、学びの空間として図書館の要素を含む。本は月刊誌やコミック、ビジネス書など種類が豊富である（図47）。音カフェよりラーニ

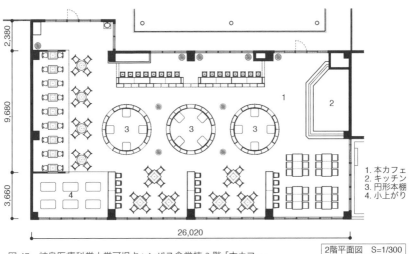

1. 本カフェ
2. キッチン
3. 円形本棚
4. 小上がり

2階平面図　S=1/300

図47　岐阜医療科学大学可児キャンパス食堂棟2階「本カフェ」

図48　2階本カフェのエントランスから円型本棚を見る

図49　本カフェ、円型本棚の内部

図50　藤本壮介建築設計事務所「武蔵野美術大学 美術館・図書館」(出典：『GA JAPAN163 MAR-APR/2020』エーディーエー・エディタ・トーキョー、2020年)

ングスペース機能が強い場であるが、より一層、街のカフェの形態に近く、テーブル席、カウンター席に円形本棚（図48）がある内部空間は下足で自由な過ごしかたが可能な空間となっている（図49）。

　「武蔵野美術大学美術館・図書館」（設計：藤本壮介建築設計事務所）では人の動線から内部空間の壁を作るのではなく、本棚の機能を埋め尽くした先が壁として成立した計画になっている(図50)。その木製本棚のグリッドはファサードのガラス内部にもつながり、建築自身が本棚で形成されているような建築である。

TSUDOI NO MA／もう1つのTSUDOI NO MA

　食堂棟2階の「TSUDOI NO MA」も、飲食そして学びの場として利用できる。ここは、四方がパーティションで仕切られた個室型の空間で学ぶスタイルである（図51）。1人用は900×2000mmのサイズにカウンターが付き、余裕で寝転がれる空間で、その他のサイズは複数使用の1200×2000mmと1500×2000mmの3タイプである（図52）。このブースのパーティションの高さをランダムとし、動きのある自立した壁に囲まれた空間は、3つセットで3つの固まり、合計9ブースを設置した。「もう1つのTSUDOI NO MA」は、薬学部が新たに建設された新棟に設けたパーティションによる個室型のラーニングスペースで（図53）、少人数単位の学びとコミュニケーションのための空間となった（図54）。

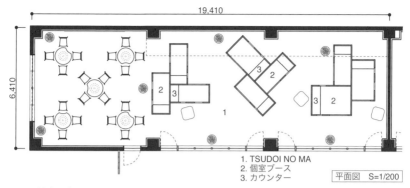

1. TSUDOI NO MA
2. 個室ブース
3. カウンター

平面図　S=1/200

図 51　岐阜医療科学大学可児キャンパス食堂棟 2 階「TSUDOI NO MA」

1. ラーニングスペース
2. 個室ブース
3. カウンター

平面図　S=1/200

図 53　岐阜医療科学大学可児キャンパス薬学部棟 ラーニングスペース「もう 1 つの TSUDOI NO MA」

図 52　「TSUDOI NO MA」の個室ブース

図 54　「もう 1 つの TSUDOI NO MA」の個室ブース

図 55　飯島直樹デザイン室「工学院大学ラーニングコモンズ B-ICHI
（出典：飯島直樹デザイン室 HP、http://www.iijima-design.com/html_works_
others/B-ICHI.html）

　「工学院大学ラーニングコモンズ B-ICHI」（設計：飯島直樹デザイン室）
は、多様な学び方となるように、人数や場に応じて使い方を選択できる空
間としている（図 55）。このように用途を満たす机と椅子をただ並べるの
ではなく、学びの場として学生たちがどのように集まり、使用していくか
を考慮した計画であることが重要だ。

---

column

プランからデザインは始まる

　プランニングとデザインすることはほぼ同じ意味と捉えても良いだろ
う。商業施設を新築する場合であれば、公道からのアプローチや環境的
配慮などから建物配置が決定され、平面構成が進められるが、商業施設
のテナントで、窓がなく外部に対し内部空間の情報を発信できない状況
があったり、テナントの区画形態によってはプランニングを大きく左右
する。特にテナントでの商空間は、天井高が低かったり、間口が狭かっ
たりと自由が効かないのである。それらの決定条件をデザイナーがどう
捉えるかで個性的で表現力の高い店舗となるかが決まるため、欠点こそ
良い空間を作るための腕の見せ所と言える。インテリアデザイナーの森
田恭通は、「テナント物件を見に行く時は、いつも欠点を探しに行く。
そしてその欠点をデザインの主軸にする」と語っていた。やはり商空間
のデザインは、どんな環境や条件であれ、それを吹き飛ばすだけのイン
パクトがプランに含まれていなければ、感動を与えられないのである。

2章　ファサード

ファサードで差別化を図る

　商業施設においてファサードはその店の内容を表す最も
重要な要素である。その表現方法によって、商品価値が決
定されるといっても過言ではない。ファサードデザインは
店補の形態によって異なるが、大きく分類すると独立店舗
型、複合施設型、ビルインタイプなどがあり、形態が違え
ばデザイン手法も異なる。

　しかし、インパクトを持つファサードにすることだけは
共通なのである。また、それらが建つ場所や地域によって
もデザインの打ち出し方は異なり、隣地における店舗のデ
ザインも十分に分析し、印象に残るファサードデザインを
決定しなければならない。

　それだけにファサードデザインは、商空間にとって一番
楽しい作業の1つであると言ってもよい。

1 内部空間とファサード

ロゴで文化を表現する

　特に飲食店におけるファサードでは、文化のデザイン要素を引用することで、表現しやすくなることは明確である。日本やアジアなどの飲食店の文化的な要素をデザインにし、それを現代の時間的流れの中に上手く表現していくことについては、日本のデザイナーは優れていると思う。しかしなぜか、西洋の飲食店となると、西洋の建築様式をまるまる引用するか、モダニズムの表現に変えミニマムな店に仕立てるケースが多い。

　「チャンガ」では、6mほどのファサードで、その範囲でこの店を表現しなくてはならない。外壁から道路境界までの空地を緑地帯とし、道路際の塀をデザインした（図56）。ファサードデザインはこの塀のみである。この塀の上部をハングル文字（「チャンガ」）によって打ち抜いた（図57）。そこから店舗内を窺うことができ、少しの空地による空間で間合いをとることができたのである。文字により文化を表現し、そこからおぼろげに韓国の景色を見せるファサードとなった。

図56　店名をデザイン化し打ち抜いた鋼板

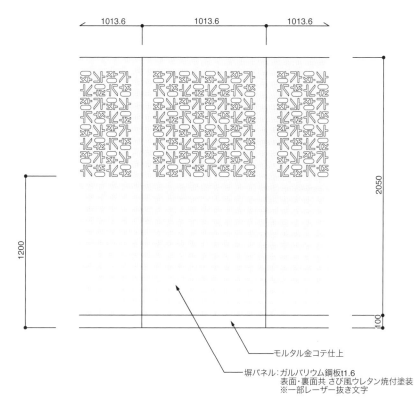

1013.6　　　1013.6　　　1013.6

2050

1200

100

　　　モルタル金コテ仕上

塀パネル：ガルバリウム鋼板t1.6
表面・裏面共 さび風ウレタン焼付塗装
※一部レーザー抜き文字

立面図　S=1/20

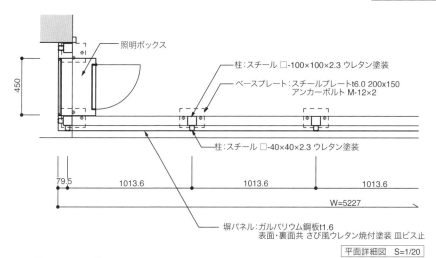

照明ボックス

柱：スチール □-100×100×2.3 ウレタン塗装

ベースプレート：スチールプレートt6.0 200x150
アンカーボルト M-12×2

450

柱：スチール □-40×40×2.3 ウレタン塗装

79.5　　　1013.6　　　　　1013.6　　　　　1013.6

W=5227

塀パネル：ガルバリウム鋼板t1.6
表面・裏面共 さび風ウレタン焼付塗装 皿ビス止

平面詳細図　S=1/20

図57　チャンガ

伝統的要素でデザインする

　「ヒサマズキッチン＆ダイニング」は２階建てのテナントビルに、１階と２階で客のターゲットを変えた日本料理店で、１階では昼をメインとし、２階は夜をメインとしている。ファサードはカーテンウォールで、内部空間を隠さず、外部に開かれたファサードとした。素材は竹を選択したが、和の要素として竹を日本の伝統的なデザイン様式に当てはめず、竹の素材感を出す表現とした。竹の長さを４段階に分けて横にランダムに設置し（図58）、内部空間の前に竹が立ちそびえている状況を作り出した（図59）。この手法は、デザイン的な回答よりも、場としての環境を設定することが主体となっている。東洋の竹を使うことで和のイメージを表現しながら、和の様式に頼らないデザインである。

　内部空間の壁や天井に竹を使った「寿月堂 銀座歌舞伎座店」（設計：隈研吾建築都市設計事務所）では、壁の竹を一定間隔で透かすことで空間に広がりを与え、天井の竹は間隔を変えることで（図60）、より抜けたイメージとなり、さらに折れ天井とすることで空気が揺れるような表現となっている。日本的な素材による空間でありながら、和の様相を重くせず、外部環境を感じさせるデザインである。

図58　ランダムに配置された竹のファサード（撮影：加斗タカオ）

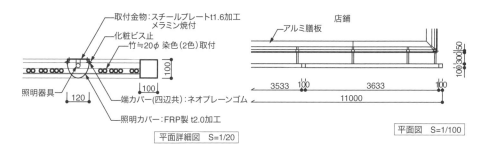

取付金物:スチールプレートt1.6加工 メラミン焼付
化粧ビス止
竹≒20φ 染色(2色)取付
照明器具
100
120
100
端カバー(四辺共):ネオプレーンゴム
照明カバー:FRP製 t2.0加工

平面詳細図　S=1/20

店舗
アルミ膳板
100 300 50
3533　100　　3633　　100
11000

平面図　S=1/100

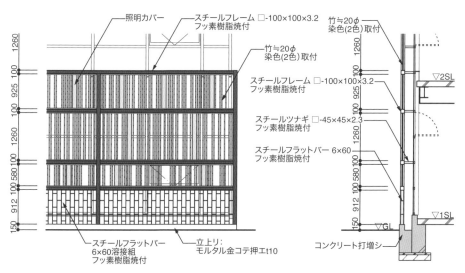

照明カバー
スチールフレーム □-100×100×3.2 フッ素樹脂焼付
竹≒20φ 染色(2色)取付

竹≒20φ 染色(2色)取付
スチールフレーム □-100×100×3.2 フッ素樹脂焼付
スチールツナギ □-45×45×2.3 フッ素樹脂焼付
スチールフラットバー 6×60 フッ素樹脂焼付

1260 100 925 100 1260 100 580 100 912 150

スチールフラットバー 6×60溶接組 フッ素樹脂焼付
立上り:モルタル金コテ押エt10

図59　ヒサマズキッチン&ダイニング　立面図　S=1/100

▽2SL
▽1SL
▽GL
コンクリート打増シ

断面図　S=1/100

図60　隈研吾建築都市設計事務所「寿月堂 銀座歌舞伎座店」(出典:『商店建築 2015 年 3 月号』商店建築社、2015 年)

商品コンセプトと連動したファサード

　「名花園」は2方向道路の角地にあるテナントビル1階のフラワーショップである。ファサードを2面確保できることで、見せ方の選択肢が広がり、物販店としては十分にショップの個性を表現することができる（図61）。フラワーショップでは、インテリアでも外部のデザインにおいても、花の持つ美の存在が大きく、デザインをどこに絞り込みファサードを作るかが重要になる。単に装飾的な手法を選ぶのであれば、主体となる花が生かされず、デザインを極力抑えたミニマムな表現とするならば、花が花であるというだけの存在で終わってしまう。このショップではファサードデザインを内部空間からの延長と捉え、より外部へと花の存在を押し出すこととした。印象的に内部空間を感じさせるため、各所に単体の開口部を設け、外部からのピクチャーウィンドウのようにした（図62）。また、演出的なディスプレイとするため、外部用にショーケースを設けている（図63）。外壁の足元を欠き込んでスチールパイプの観葉植物ボックスを作り、隠し照明によって（図64）外部環境においても花や緑化を表現したファサードデザインとした。

図61　ファサードからエントランスを見る

図 62　スチール製プラントパイプを見る（提供：
加藤吉宏アトリエ）

図 63　ファサードよりエントランス脇ディスプ
レイを見る

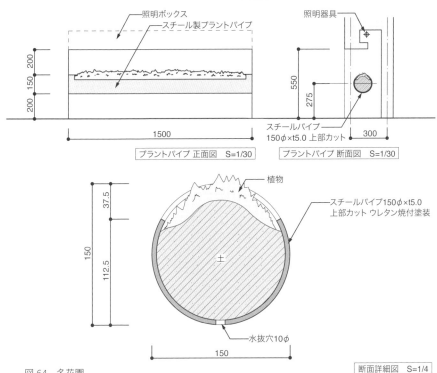

照明ボックス
スチール製プラントパイプ

照明器具

200
150
200

550
275

1500

スチールパイプ
150φ×t5.0 上部カット

300

プラントパイプ 正面図　S=1/30

プラントパイプ 断面図　S=1/30

植物

スチールパイプ150φ×t5.0
上部カット ウレタン焼付塗装

37.5

150

112.5

土

150

水抜穴10φ

図 64　名花園

断面詳細図　S=1/4

内部空間を期待させるファサード

　ビル内の１階エントランスにあるイタリアレストラン「ドディチ・マッ
ジョ」は、外部に面したファサードがない飲食店である。ビルのエントラ
ンス内には、レストランの内部を窺い知れる開口部はなく、店内の情報を
まったく感じさせない。店内へ入るためのドアだけが唯一外部との接点で、
これをファサードとして表現するデザイン手法を探らなければならない。
考え方としては、少しでも内部情報を出すための開口部を作るか、あえて
閉鎖することで内部空間を期待させるかのどちらかであり、この店では後
者の案を採用した（図 65）。この建物では、２階に美容関係のテナントが
あり、上層階は別のエントランスから入る集合住宅となっており、極めて
限られた人にアピールできれば良いからである。であるならば、内部情報
を一切分からせず、スクエアなボックス（図 66）をホールに置いたファサー
ドデザインとした。

図 65　エントランスのファサードを見る

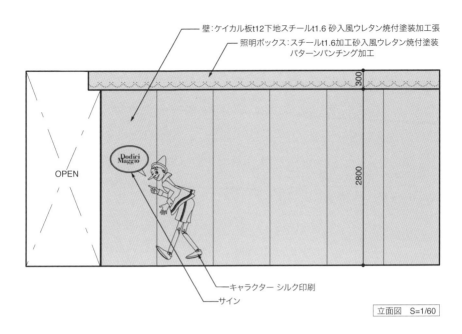

壁:ケイカル板t12下地スチールt1.6 砂入風ウレタン焼付塗装加工張
照明ボックス:スチールt1.6加工砂入風ウレタン焼付塗装
　パターンパンチング加工

OPEN

Dodici Maggio

キャラクター シルク印刷
サイン

300
2800

立面図　S=1/60

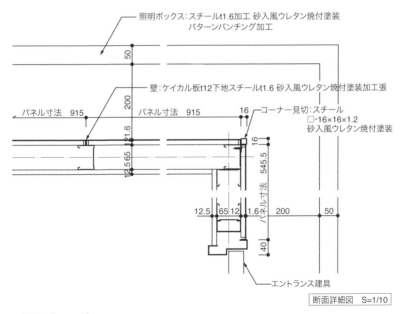

照明ボックス:スチールt1.6加工 砂入風ウレタン焼付塗装
　パターンパンチング加工

50
200

壁:ケイカル板t12下地スチールt1.6 砂入風ウレタン焼付塗装加工張

パネル寸法　915
パネル寸法　　915
16
コーナー見切:スチール
　□-16×16×1.2
　砂入風ウレタン焼付塗装

21.6
16
12.5 65
545.5
パネル寸法

12.5 65 12 1.6 200 50
40

エントランス建具

断面詳細図　S=1/10

図 66　ドディチ・マッジョ

2 商業施設としての存在感

高さでインパクトを出す

　商業施設におけるファサードデザインは、その店で売る物より多くを語る。「じゃが丸幸房」はコロッケと食料雑貨を販売する独立店舗である。1階床面積は35m²とコンパクトな店であるが、大きな道路に面する立地環境のなかで、インパクトのあるファサードを表現することが重要となってくる。この建物は、床面積より空間としての縦の容積を重要視しデザインした。おそらく床面積から組み立てられる天井高さは、2.7mあれば十分であるが、それでは交通量が多く密集した街の中で建物は埋没してしまう。しかしこの店舗は天井高5.4m（図67）と通常の2倍の高さで、サッシュの方立てのないテンポイント構法（図68）の全面ガラスとした。イ

図67　前面道路よりファサードを見る

図68　ファサードの全面ガラスから店内を見る

ンテリアデザインやファサードデザインの意匠性を見せるより、この容積を持った空間を見せることでインパクトを与えるファサードデザインとなると考えた（図69）。

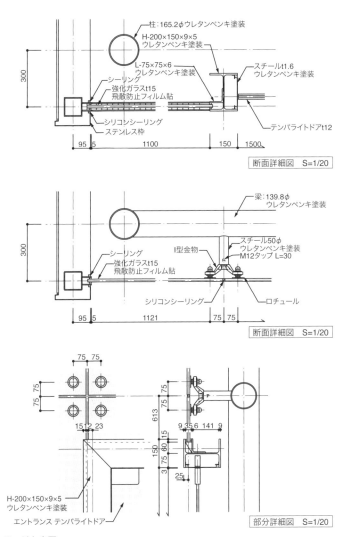

図69　じゃが丸幸房

シンプルなファサードにチカラを与える

　「五穀 大連店」は高層集合住宅の低層階を商業施設としている。地上2層と地下1層を使った日本料理店である。既設開口部を利用するのではなく、壁面を多くするデザインとした。地上2層となるファサードは、1階部分と2階部分のデザインを変え、単調さを感じさせずに重量感のある表現を目指した。1階部分の全長35mの部分を中国産の御影石を手仕事による小叩き仕上げにより単調にならない外壁とした（図70）。2階部分はゴールドのウレタン焼き付けにしたアルミプレートを鎧張りとした。その段の箇所にLEDを仕込み、各層を浮き上がらせるようにライティングとした（図71）。御影石の重量感とアルミの鎧張りによる連続性が光と共に対照的に浮き上がる表現が、商業施設のファサードとして印象を与えるデザインとなった。

図70　隠し照明によりライティングされたファサード

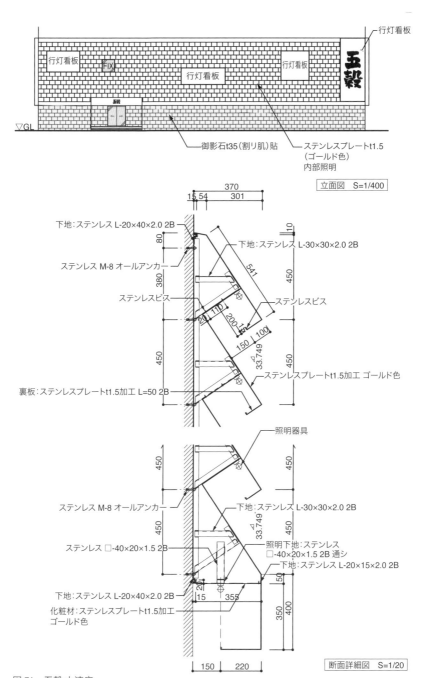

図面内のテキスト:

行灯看板

行灯看板 | FIX | 行灯看板 | 行灯看板 | 五穀

▽GL

御影石t35（割リ肌）貼 — ステンレスプレートt1.5（ゴールド色）内部照明

立面図　S=1/400

370
15 54 301

下地：ステンレス L-20×40×2.0 2B
80

ステンレス M-8 オールアンカー
380

ステンレスビス

裏板：ステンレスプレートt1.5加工 L=50 2B
450

下地：ステンレス L-30×30×2.0 2B
10
450
541

ステンレスビス
20 110
200
150 100
33.749
ステンレスプレートt1.5加工 ゴールド色
450

照明器具

ステンレス M-8 オールアンカー
450
450

ステンレス □-40×20×1.5 2B
450

下地：ステンレス L-20×40×2.0 2B
20
15 355

化粧材：ステンレスプレートt1.5加工 ゴールド色

下地：ステンレス L-30×30×2.0 2B
33.749
照明下地：ステンレス □-40×20×1.5 2B 通シ
下地：ステンレス L-20×15×2.0 2B
50
350 400

150 220

断面詳細図　S=1/20

図 71　五穀 大連店

見え隠れする空間で引きつける

　「ラ・クープ」は1階がヘアサロン、2階が住宅の店舗併用住宅である。住宅地の中にあるこの店舗は、商空間らしい派手なファサードとはせず、印象に残るデザインを心がけた。ヘアサロンへのエントランス（図72）は、ファサード面において強調せず、他のフラットな面の一部から導入している。それらのデザインは、サッシュの両面にアルミパンチングを施し（図73）、内部空間をおぼろげに窺える仕掛けとなり（図74）、内部空間の人の動きや光の演出によって、商空間としての表現を果たしている（図75）。住宅地の中で、インテリアが街に流れ出すような表現方法のデザインでは、環境的にも店を利用する側においても、どちらの立場からもおそらく利点はない。

　このように、住宅地内の商業施設においては、デザイン手法は目立つことよりも馴染むことが必要であり、表現方法とデザインの方向性を選択することが重要である。馴染むことは、決して住宅に近づけた表現にすることではなく、街の環境に応じて控えた表現をすることが、その店の存在価値を高めることにつながる。住宅地の中で商空間が存在することで、プライバシーを確保しづらくなるようなファサードデザインにならないように

図72　開口部より店内を見る

図73　エントランス周りのファサード

配慮が必要である。

　「ルイ・ヴィトン名古屋栄店」（設計：青木淳建築設計事務所）では、使い方は異なるものの、グリッド柄のフィルムを貼ったガラスを重ね合わせたモワレ現象によるぼかすデザイン（図76）としている。素材は異なるが同様の手法である。

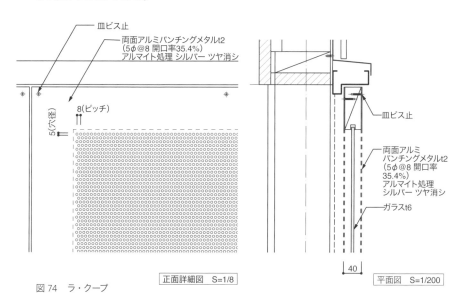

図74　ラ・クープ

図75　カウンター脇からカットスペースを見る

図76　青木淳建築計画事務所「ルイ・ヴィトン
　　　名古屋栄店」（提供：加藤吉宏アトリエ）

ダブルスキンで機能性とデザイン性を生む

　「アクシス」は事務所ビルが建ち並ぶ目抜き通りを一本なかに入った敷地にある、2階建のオフィスビルである。建物が密集した地域において、間口7m、高さ9mのファサードは存在感のある表現を可能とする。オフィスとしての機能を露出させることは、入居する税理士法人の業務上好ましくないため、プランとしては、執務室は建物前面に配置せず、ファサード面から離すデザインとし、ファサードには、1階にエントランスと打合室、2階に代表室とし、直接業務内容が露出しない機能を配置した。約1mのサッシュ方立で分割した前面ガラスは、方立を0.3m外部に跳ねだし（図77）、メタルポイント工法で強化ガラスのダブルスキン（2重外壁）とした（図78）。この跳ね出した方立は斜めからの視線をカットし、開放して

図77　エントランス周り、ダブルスキンのファサード

図78　ダブルスキンの内部周り

いながらも（図79）、ある程度のプライバシーを確保でき、ファサードデザインを強調している。ダブルスキン間に上部からライティングをすることによって、中間層のディテールを明確化し、内部空間おいても、外部に見せるためのインテリアとするため、ライティングをもファサードデザインの一部として計画した（図80）。

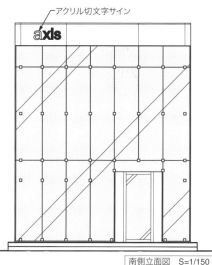

アクリル切文字サイン

axls

南側立面図　S=1/150

図79　2階代表室からダブルスキンを見る

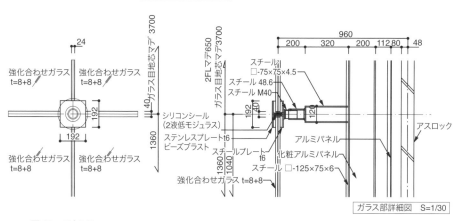

24

強化合わせガラス
t=8+8

強化合わせガラス
t=8+8

192

192

強化合わせガラス
t=8+8

強化合わせガラス
t=8+8

ガラス目地芯マデ 3700

40 ガラス目地芯マデ

1360

シリコンシール
（2液低モジュラス）

ステンレスプレートt6
ビーズブラスト

スチールプレート

強化合わせガラス t=8+8

2FLマデ650

ガラス目地芯マデ3700

1360

1040

960

200　　320　　200　112.80　48

スチール
□-75×75×4.5

スチール 48.6

スチール M40

192

40

120

アスロック

アルミパネル

化粧アルミパネル

スチール □-125×75×6

ガラス部詳細図　S=1/30

図80　アクシス

コンクリートにパターンをデザインする

　「わらじや」は２階建ての飲食店で、ファサードはコンクリート打ち放し仕上げである。外部と内部ともに同材による仕上げのデザインを成立させる構造体であり、都市の中心で様々な建築に関わる法律の多くをクリアできる手法である。

　通常コンクリート打ち放し仕上げでは、型枠に使用する合板には、仕上げを平滑にするために、ウレタン塗装を施している。一方、コンクリート打ち放しに柄を付けるために、杉板を型枠にして木目柄を出すデザインもある。この飲食店では、ウレタン塗装合板の型枠を使用し、幅100mmの綿テープを使い、型枠にランダムなパターンで貼り込んだ（図81）。この厚みがコンクリートの表面に凹凸を付ける（図82）。コンクリート打ち放しという一発勝負の仕上げなので、サンプル型枠による試し打ちで貼り方やパターン、テープの切り方などの方法を選択した。パターンはラインによるものとグリッドをランダムに散りばめた２種類のデザインとした（図83）。

図81　パターン柄が付いたコンクリート打ち放しのファサード

当然ながらこれらの作業は、施工業者としても初めての経験で、この施工は不可能であるということで、作業は設計事務所のスタッフで行うことになった（図84）。パターンは手仕事的な自然感が出て、平滑なコンクリート打ち放しの表面に、個性的な表現をすることができた。

A. ウレタン塗装合板型枠化粧コンクリート打放
　型枠テープ貼によりラインパターン付

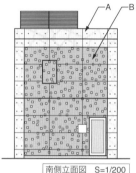

南側立面図　S=1/200

図82　わらじや①

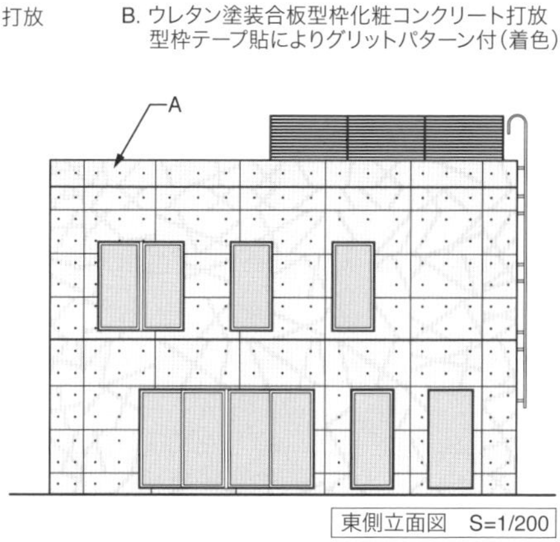

B. ウレタン塗装合板型枠化粧コンクリート打放
　型枠テープ貼によりグリットパターン付（着色）

東側立面図　S=1/200

図83　わらじや②

図84　綿テープによるパターン貼り（提供：加藤吉宏アトリエ）

コンクリート打ち放しは自由度の高い仕上げではあるが、新たな試みは少ないと思う。「半島の家」（設計：マウントフジ アーキテクツスタジオ）では、普通合板型枠を使用している。ウレタン塗装合板に比べ表面には合板の板目やあくなどが付いている（図85）。当然その合板を型枠にすれば、板目などが現れる。杉板の型枠とは異なり、素朴さと合板の規格サイズによる木目柄の力強さを表現しているコンクリート打ち放し仕上げである。

図85　マウントフジアーキテクツスタジオ「半島の家」（出典：『新建築住宅特集 2019 年 1 月号』新建築社、2019 年）

3 外部環境とファサード

　建築であれば、外部環境は必ず存在する。しかし、敷地の大きさや建築用途により外部環境や建築の考え方は異なり、ファサードの表現手法は選択肢が広くなる。建築の見せ方とは、建築の置かれた環境によって建築に内在する思いをファサードに露出させるものであり、環境と建築との関係性を切り離して考えることは不可能である。外部環境の計画は、建築ファサードを生かすためのもう1つのファサードと言ってもよい。

内に閉じず地域に開く

　「ピー・パーク松河戸店」は、住宅地域と商業地域からなる新たな街を形成する、区画整理された区域の敷地に建設された。アミューズメント施設（パチンコ店）の建築において、外部環境と言えば、駐車場との関係が最初に考えられる。パチンコ店は、内部空間の機能性に重きを置く用途である以上、環境への接点を生み出す計画は、用途としての前提に逆行する。しかし、この建築では機能を分けることで、外部環境の必要性を生むようにした。ゲームをする棟と景品コーナー棟を分離させ、その中間を外部環境として計画した（図86）。壁、天井とガラス張りの通路により（図87）、この2つの棟をつなぎ、隣棟を埋めるように水打ちに高低差をつけ、水が流れる環境をデザインした。景品コーナーの棟には休憩コーナーを併設して外部環境を味わうことができるようにした。ゲームをする用途と離れたもう1つの機能を存在させることで、外部環境のデザインを重視することは、アミューズメントの建築であっても地域との共存を深めるための重要な手法である。

図86　隣棟間の植栽から水打ちを見る

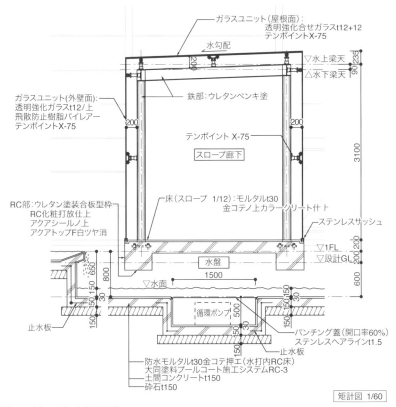

ガラスユニット(屋根面):
透明強化合せガラスt12+12
テンポイントX-75

水勾配

▽水上梁天
△水下梁天

ガラスユニット(外壁面):
透明強化ガラスt12／上
飛散防止樹脂バイレアー
テンポイントX-75

鉄部:ウレタンペンキ塗

テンポイント X-75

スロープ廊下

RC部:ウレタン塗装合板型枠
RC化粧打放仕上
アクアシールノ上
アクアトップF白ツヤ消

床(スロープ 1/12):モルタルt30
金コテノ上カラークリート仕上

ステンレスサッシ

▽1FL
▽設計GL

水盤
1500

▽水面

止水板

循環ポンプ

パンチング蓋(開口率60%)
ステンレスヘアラインt1.5
止水板

防水モルタルt30金コテ押工(水打内RC床)
大同塗料プールコート施工システムRC-3
土間コンクリートt150
砕石t150

矩計図 1/60

図87　ピー・パーク松河戸店

室外を生かして活気を生み出す

　レストラン「新羅館 名東本店」の外部環境は、内部からの観賞用だけではなく、レストランとしての外部機能をもった計画とした。前面道路に接する部分は駐車場とし、駐車場から奥までの間に段差を設けてU字型の建築（図88）を計画し、そのU字型に囲まれた部分をダイニングテラスとした。緑化された環境ではなく開放的なテラスとしたことで、人の動きが内部空間から見え、背景として重要な要素となった。U字型部分にある客席は、テラス越しに反対側の客席も見渡せることから、レストランにも活気をもたらし、建築デザインが機能と表現の部分で合致した計画となった。

　テラスの中心部には、野石が積み上げられた楕円形の水打ち部分に、宙に浮かぶステンレス製の炭焼き場を設けている（図89）。この炭焼き場で火を起こした炭を客席にお持ちするパフォーマンスをするための機能でありオブジェクトでもある。レストランは昨今、個室化するなか、食するゲストを眺めながら（図90）、同じ空間で活気を感じさせる外部環境の手法がこの建築には最適な解答であると思う。

図88　水打ちに浮かぶ炭火起こし台

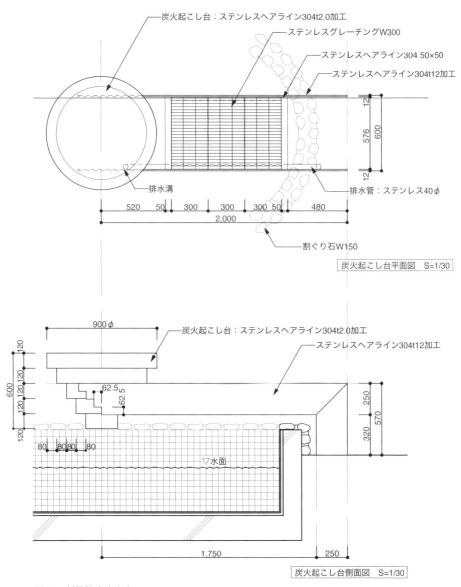

炭火起こし台：ステンレスヘアライン304t2.0加工

ステンレスグレーチングW300

ステンレスヘアライン304 50×50

ステンレスヘアライン304t12加工

排水溝

排水管：ステンレス40φ

520　50　300　300　300　50　480

2,000

12

576

600

12

割ぐり石W150

炭火起こし台平面図　S=1/30

900φ

炭火起こし台：ステンレスヘアライン304t2.0加工

ステンレスヘアライン304t12加工

120
120
600
120　120　120
120

62.5
62.5

80　80　80　80

▽水面

250
570
320
250

1,750　250

炭火起こし台側面図　S=1/30

図89　新羅館 名東本店

図90　テラスから2階客席を見る（提供：加藤吉宏アトリエ）

図91　西沢立衛建築設計事務所「十和田市現代美術館」（出典：『新建築 2008 年 5 月号』新建築社、2008 年）

　商業施設の外部環境のデザインにおいては、建物を作らない場所が外部環境となるのではなく、建築の形態が環境との関係性をどのように持つのか、また用途としての機能を計画するのかが重要である。

　「十和田市現代美術館」（設計：西沢立衛建築設計事務所）の計画では展示室などが分棟となっている。建物が分離型で異なる方向性を向くことで、建物間に外部環境を作りだすのである。隣棟によって外部環境の形や大きさが均一にならず、自然なイメージを与えている（図91）。用途や機能を1棟にまとめるのでなく、分離することで街に開く建築となるのである。

建築と環境との対比をデザインする

　「佑花里 青山店」はゆったりとした敷地に建つ平屋のケーキ専門店とカフェの建築である。前面道路に対し横長の敷地で約半分を駐車場とし、残りを建築計画部分とした。ケーキ販売とカフェを切り離したプランとするためにL字型の建物形状とし、2つの機能が外部より分かりやすいファサードとなるようデザインした。建築計画側の外部環境は樹木で緑化するので

はなく、グランドラインをシンプルな平滑とし、建物部分以外は芝張りとして建物側にテラスと水打ちを設け、駐車場からのアプローチを直線の土間コンクリートとして環境の中を印象的に誘導している（図92）。

　この外部環境とともに、ファサードデザインにおいても、多くのデザイン要素を持たせず軽さや細さを表現した。カフェ部の開口部は、天井までの高さとせず外壁面を大きくした。この外壁は、ファサードから見ると上部から重く垂れ下がっており（図93）、唯一この部分に重みや力強さを感じさせることで、屋根面の軽さをより表現している。

　このように軽やかなデザインの建築を明確で単純な要素による外部環境と対比させながらも、両者が同調するファサードデザインである。

図92　駐車場よりファサードを見る

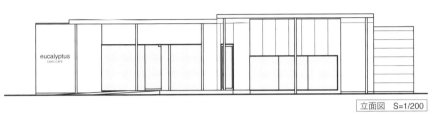

立面図　S=1/200

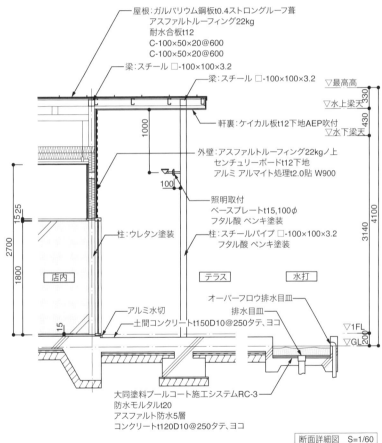

屋根：ガルバリウム鋼板t0.4ストロングルーフ葺
アスファルトルーフィング22kg
耐水合板t12
C-100×50×20@600
C-100×50×20@600

梁：スチール □-100×100×3.2

梁：スチール □-100×100×3.2

軒裏：ケイカル板t12下地AEP吹付

外壁：アスファルトルーフィング22kgノ上
センチュリーボードt12下地
アルミ アルマイト処理t2.0貼 W900

照明取付
ベースプレートt15,100φ
フタル酸 ペンキ塗装

柱：スチールパイプ □-100×100×3.2
フタル酸 ペンキ塗装

柱：ウレタン塗装

▽最高高
▽水上梁天
▽水下梁天
▽1FL
▽GL

1000

100

1525

2700

1800

15

店内

テラス

水打

オーバーフロウ排水目皿

排水目皿

アルミ水切
土間コンクリートt150D10@250タテ、ヨコ

大同塗料プールコート施工システムRC-3
防水モルタルt20
アスファルト防水5層
コンクリートt120D10@250タテ、ヨコ

330
430
4100
3140
200

断面詳細図　S=1/60

図93　佑花里 青山店

目立つだけがファサードではない

　建築を環境に対し最大限に表現できるファサードこそ、デザイナーの力の入れどころである。内部空間のデザインエレメントがそのままファサードへと転化されることが望ましいわけではなく、その空間のコンセプトをどのように読み取るかが重要である。そのコンセプトに対し同調するのか対峙するのか、もしくはその一部を引き出し拡張させデザインに結び付けるのかは、デザイナーの感性によるところが大きい。今までの経験で言えば、内部空間のデザインエレメントの写しのようなファサードのデザインは、むしろ単調なイメージを生み出し、内部空間に対する期待感が薄れる場合もある。

　期待感を増加させ、感動させるには、必ずしも言葉に表せないコンセプトであっても、ストーリー性が感覚としてファサードに表現できれば良いと思う。ファサードで魅了させた先の内部空間については、自ずとストーリーの結末を知りたくなるのである。ファサードは目立つことが大事なのではなく、印象を残すことが役目なのであり、内部と外部をつなぐ架け橋なのである。

3章　開口部

開口部の内と外からの見え方がポイント

　商業施設の開口部は、自然環境（光、風）を取り込むことを主眼とする開口部ではなく、ファサードデザインとしての見せ方と開口部からインテリアの情報をどのように外部に対して表現させるかを考慮しなければならない。商業施設では、周辺環境を把握し、内と外の見え方と見せ方を同時に捉えながら、開口部のデザインを計画しなければならない。

　施設用途によっては、開口部をカーテンウォールのように全面開放させ、インテリアのデザインを外部に表現させる手法もある。飲食店の開口部では、店の経営上の方向性によっても開口部の考え方は異なり、特に食のジャンルによっても開口部のデザインは大きく変わる。

　内部空間の様相を伝える重要な役割を果たすのが開口部なのである。

1 外部からの見え方をデザインする

同形状の窓で変化をつける

　「テトテ・ノート」は筆者自身の建築設計事務所の自社ビルである。設計事務所は図面に始まり、建築雑誌、カタログ、材料サンプルなど大量の資料を抱える業種である。そして間口が狭く奥行きのある敷地に作ることとなったこのオフィスビルは、多くの物と人を詰め込みたいとの思いと、RC壁式構造により壁量制限があるなかの計画となった。

　当然ながら開口部については、どのように街に開くかを考えながら、いくつかのアイデアの中から開口部の大きさや配置、そしてデザインコンセプトを決定していった。このオフィスビルでは、大きな開口部をつくるより、多くの壁を確保しつつ印象に残る開口部のデザインとすることを選択

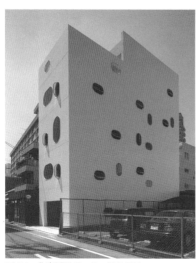

図 94　北東面のファサードを見る

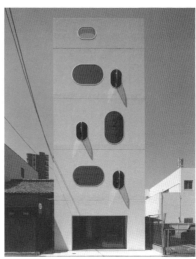

図 95　正面ファサードを見る

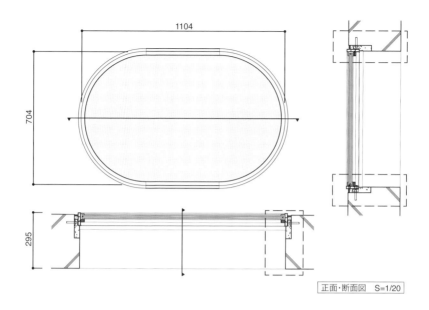

1104

704

295

正面・断面図　S=1/20

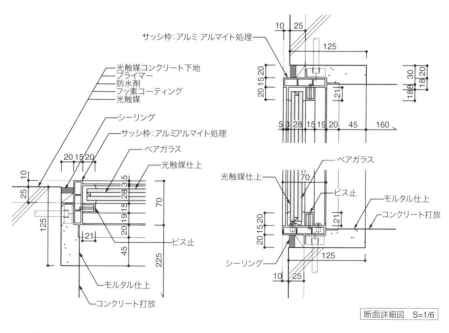

サッシ枠：アルミ アルマイト処理

光触媒コンクリート下地
プライマー
防水剤
フッ素コーティング
光触媒

シーリング

サッシ枠：アルミ アルマイト処理

ペアガラス

光触媒仕上

ビス止

モルタル仕上

コンクリート打放

ペアガラス

光触媒仕上

ビス止

モルタル仕上

コンクリート打放

シーリング

断面詳細図　S=1/6

図 96　テトテ・ノート

図97　伊東豊雄建築設計事務所「ミキモト銀座2丁目店」(出典:『GA TOYO ITO 2002-2016』エーディーエー・エディ タ・トーキョー、2016年)

した（図94）。開口部の形状は、長方形の両端を半円とし、0.75m×1.2mと1.35m×2.0mの2タイプ（図95）を基本とした。小サイズの開口部は、はめ殺しタイプと軸回転型とした（図96）。軸回転型は、長手方向に対し縦軸回転と横軸回転を採用することで、風の流入を変化させることができ、通風によく風量を調整しやすい開口部となった。開口部の取り付け高さを変えることで、同形状でありながら均一感のない動きがあるデザインになった。

　都市部に建つ商業建築では、建築面積や容積を最大限に生かしたボリュームとする必要性があり、敷地形状に沿った建物となる場合が多く、そのため開口部によってデザイン性を打ち出す手法が重要になる。「ミキモト銀座2丁目店」（設計：伊東豊雄建築設計事務所）は、有機的でランダムな形の窓（図97）がファサードを覆い尽くし、動きのある開口部の形態が建築全体の個性につながっている。

開口部の外側にデザインする

　レストラン「ガヤ」は、戸建の建築をリニューアルした店である。建築的な形態は変えず内部空間とファサードをデザインした。開口部は既設を利用しながらも今回のコンセプトに合致する手法を模索した。空間のデザイン要素として円形のスチールパイプを使ったパーティションにより、機能とデザインの融合点を表現した。そのスチールパイプのデザインをファサード部の目線に合わせダブルスキンの2重外壁の考え方で内部から外部

図98　パーティションと建物が重なるファサード　図99　パーティションと同デザインのあるインテリア

へとデザイン要素をつなげていった。スチールパイプは、100φと50φの2種類のサイズを長さ50mmにカットしたものを溶接してパーティションを作った（図98）。パイプの長さが見る角度によって内部空間の様相を変化させる（図99）。そして、開口部のガラス部にパイプのパターンのデザインがなされたシートを貼り、外部と内部の中間におぼろげな表現となったパターンが両者とのつなぎになるレイヤーとなっている（図100）。

　「ヨシダ印刷東京本社」（設計：妹島和世建築設計事務所）では、ファサードの前面にアルミエキスパンドメタルによるもう1つの外壁のあるダブルスキンのファサードとなっている。アルミエキスパンドメタルは外壁と開口部を覆い隠すように包まれ、しかも何層にもむくみのある段がつき、建築自身のアウトラインは消され、アルミエキスパンドメタルから覗く光と陰の様相が窺える（図101）。ファサードの前面に皮膜を被せたデザインは、建築のラインを曖昧にして街に溶け込むような姿にする効果がある。

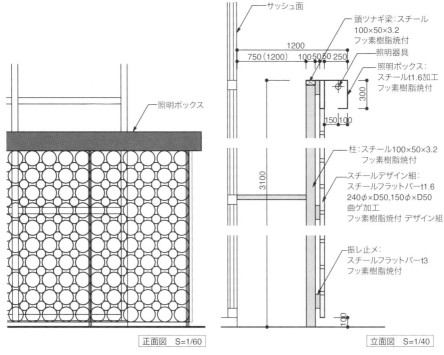

照明ボックス

サッシ面

頭ツナギ梁：スチール
100×50×3.2
フッ素樹脂焼付

照明器具

照明ボックス：
スチールt1.6加工
フッ素樹脂焼付

1200

750（1200）　100 50 50 250

300

150 100

柱：スチール100×50×3.2
フッ素樹脂焼付

3100

スチールデザイン組：
スチールフラットバーt1.6
240φ×D50,150φ×D50
曲ゲ加工
フッ素樹脂焼付 デザイン組

振レ止メ：
スチールフラットバーt3
フッ素樹脂焼付

100

| 正面図　S=1/60 |
| 立面図　S=1/40 |

図100　ガヤ

図101　妹島和世建築設計事務所「ヨシダ
印刷東京本社」(出典：『GA ARCHITECT SANAA
2011-2018』エーディーエー・エディタ・トーキョー、
2018 年)

2 開口部としての機能

開口部の内側にもう１つの窓機能をもたせる１

　「クランビル」3・4階の外部開口部の環境調整を図るための機能として、内部に機能的開口部を計画した事例である。通常、カーテンやブラインド等により採光を容易に調整できるものが多いが、このビルでは、はめ殺しサッシュ部の内部に建築的な造作によって観音開きの開口部をデザインした。素材は、アルミフラッシュと木製フラッシュを使用し、共に5mmのパンチング加工を施し、わずかな光が差し込むようにした（図102）。観音開きの構造はV字型に開口するので、採光調整の自由性があり、全体として動きのある表現ができる（図103）。このデザイン手法は、外部としてのファサードデザインというよりもインテリアの開口部分の外壁としての要素が、ファサードとしてのデザインになっていく（図104）。外壁としてのデザインを施す手法としてダブルスキンがあるが、このビルでは、

図102　前面道路からのファサード

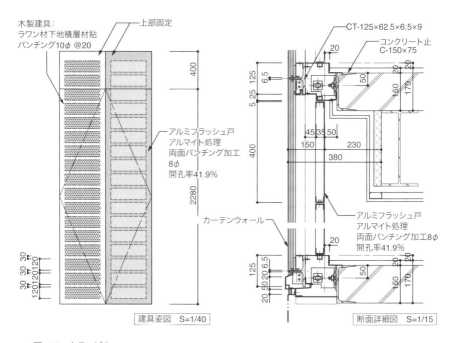

木製建具：
ラワン材下地積層材貼
パンチング10φ @20

上部固定

CT-125×62.5×6.5×9

コンクリート止
C-150×75

アルミフラッシュ戸
アルマイト処理
両面パンチング加工
8φ
開孔率41.9%

カーテンウォール

アルミフラッシュ戸
アルマイト処理
両面パンチング加工8φ
開孔率41.9%

建具姿図　S=1/40

断面詳細図　S=1/15

図103　クランビル

図104　4階、右側と正面が開口部のオフィス

内部空間におけるもう1つの開口部の役割を果たす外壁としてインナース
キンという表現が適切であると思う。

　海外の事例として、「スイス通りのアパートメント」（設計：ヘルツォー
ク＆ド・ムーロン）では、前面道路側のファサード部のベランダにランダ
ムに金属製メッシュによる折戸をデザインし、見え隠れする外壁を作るこ
とで（図105）、緩やかにプライバシーを保つことのできる開口部をデザ
インしている。

図105　ヘルツォーク＆ド・ムーロン「スイス
通りのアパートメント」（出典：『EL croquis 109/110
HERZOG & de MEURON 1998-2002』EL croquis editorial、
2002 年）

開口部の内側にもう１つの窓機能をもたせる 2

　「ドミニク・ドゥーセの店」は、ベーカリーショップを中心とする、レストラン、ベーカリー教室等の複合施設である。ファサードデザインとしてはガラスを多用しているが、2 階部分の階段ホールとベーカリー教室では、内部に鎧戸を設置している（図 106）。外壁としての機能はガラスが果たしているが、本来のデザイン意図としては、内部空間の鎧戸の素材と機能を表現したかったのである。鎧戸は木製で１つの建具を４分割し、それぞれを可動とした（図 107）。外部環境の採光調整を図るブラインド的な機能を持ち、引き違い戸により開くことが可能である（図 108）。ガラスの外壁は建築的機能と法規的制約を保つための機能として、可能な限り存在感のない状況を作ることで、内部空間にもう１つの開口部を規制の少ない方法でデザインすることができる。内部空間のデザインをより外部に打ち出すことで、建築としてのファサードを形成している表現手法である。

図 106　駐車場からのファサード

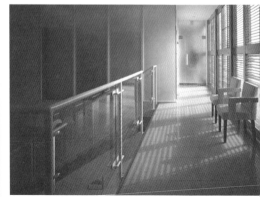

図 107　2 階ホールの木製建具を見る

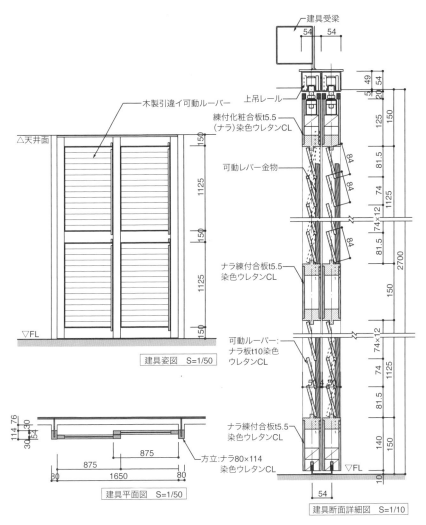

建具受梁

54 54

木製引違イ可動ルーバー

練付化粧合板t5.5
(ナラ)染色ウレタンCL

上吊レール

49
54
20 5

可動レバー金物

125 150

△天井面

150

84

81.5

1125

84

74

74×12

1125

84

81.5

2700

150

ナラ練付合板t5.5
染色ウレタンCL

150

150

74×12

1125

可動ルーバー:
ナラ板t10染色
ウレタンCL

1125

50 50

81.5

ナラ練付合板t5.5
染色ウレタンCL

▽FL

140

150

150

▽FL

10

建具姿図　S=1/50

114 76
30 30
54

875

875

方立:ナラ80×114
染色ウレタンCL

875

80

1650

80

54

建具平面図　S=1/50

建具断面詳細図　S=1/10

図108　ドミニク・ドゥーセの店

3 インテリアの開口部

開口部で空間を変化させる

　「モノリス・ラボ7」は、小学校低学年を対象にした学習塾である。学習塾でも学校でも勉強を教える空間では、ある一定の個別的な空間である教室で授業が行われるが、この塾では教室と他空間の領域が曖昧になっている。教室の壁が可動式で、授業空間が廊下や他の機能と一体化している。可動型でビニール製の円形の壁と自立した固定ドアによって教室の空間となっており（図109）、開放することでサイズを変化させられるこのビニール製壁は、言わば開口部としての機能と平面的機能を果たしている（図110）。円形で包み込むような形態にするため、ある程度視覚を遮ることができる素材でデザインしなくてはならない。ビニールは透明を使用し、内部に綿をサンドウィッチにして重量を出し、張りと遮音効果の上でも有効となった。内部空間の開口部には空間と空間をつなげる機能を持つが、開口部のサイズが大きくなれば、必然的に異なる空間が一体化し、他の用

図110　開かれた可動パーティションから教室を見る

図111　教室内から見る

途を持つ空間となりうる（図111）。空間を可動する機能により仕切ることで、新たな機能を生み出すのである。

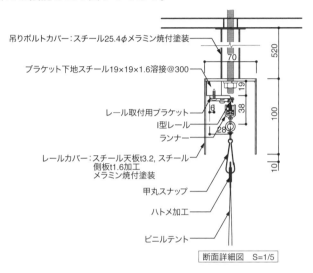

吊りボルトカバー：スチール25.4φメラミン焼付塗装

ブラケット下地スチール19×19×1.6溶接@300

レール取付用ブラケット

I型レール

ランナー

レールカバー：スチール天板t3.2, スチール
側板t1.6加工
メラミン焼付塗装

甲丸スナップ

ハトメ加工

ビニルテント

70

520

19

38

100

28

10

断面詳細図　S=1/5

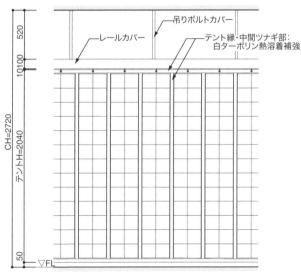

吊りボルトカバー

レールカバー

テント縁・中間ツナギ部：
白ターポリン熱溶着補強

520

10 100

CH=2720

テントH=2040

50

▽FL

立面図　S=1/40

図109　モノリス・ラボ7

多彩な色をもつ開口部で空間を仕切る

　学習塾「モノリスシーガル2nd」では、オフィス部分の開口部を、内外部から半ば見え隠れするようにデザインしている。人の動きは分かりづらいが、両室の互いの照度を感じながら、圧迫感がないデザインとするため、中空ポリカーボネート板を使用した（図112）。この素材自身、構造的に硬さがあり、枠をつけることで建具となり、軽量かつ透明感がある。中空ポリカーボネート板は、内部の横板と縦板によって10mm角ほどの中空部分があり、それが強度を出している。その中空に色付きのカッティングシートを挿入し（図113）、透明の中空ポリカーボネート板越しに色が宙に浮いた仕切りとなった（図114）。規格品である中空ポリカーボネート板の素材を生かしながら、他の素材も加えることで、もう1つの表現が生まれるのである。

図112　仕切られた中空ポリカーボネート板の引戸

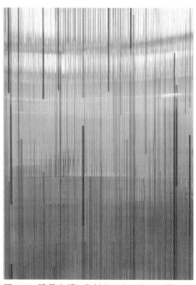

図114　建具内部に色付きのカッティングシートを挿入

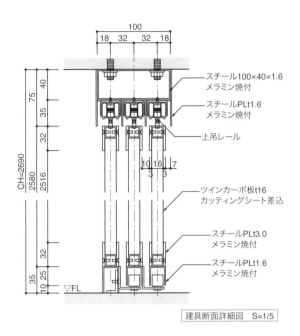

スチール100×40×1.6
メラミン焼付

スチールPLt1.6
メラミン焼付

上吊レール

ツインカーボ板t16
カッティングシート差込

スチールPLt3.0
メラミン焼付

スチールPLt1.6
メラミン焼付

建具断面詳細図　S=1/5

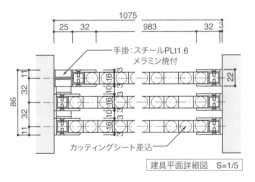

手掛：スチールPLt1.6
メラミン焼付

カッティングシート差込

建具平面詳細図　S=1/5

図113　モノリスシーガル 2nd

開口部ではないが、「WoZoCo アパートメント」（設計：MVRDV）では、サイズが異なる突出したベランダのガラス手摺壁にカラーフィルムを貼っている。異なる色と大きさによって宙に舞うような表現とすることで（図 115）、単調なベランダの手摺壁ではなく、建築造形の一部が跳ね出し、内部空間を持たない開口部の延長のように思えるのである。

図 115　MVRDV「WoZoCo アパートメント」（出典：『EL croquis 86 MVRDV 1991-1997』EL croquis editorial、1997 年）

column

窓は見知らぬ世界を覗かせる

　窓は、内外の様相を切り取る役目だけでなく、技術的な視点から見れば環境・防犯など多くの機能的な役割を持っている。商空間の窓は、経営においても重要な要素である。住宅であれば、室内から外部環境がどう見えるかという一方向の考慮が主体となるが、商空間では、外部から室内の様相をイメージさせることが必要である。そのために、デザイン的に興味を持たせる造形や仕上げとなるが、それがあまりにも過剰になれば入りづらい店になることは避けられない。そのデザインのさじ加減については、最後までチェックと変更を繰り返し決定していくのである。商空間において窓は見知らぬ世界への誘い水のようなものである。

4章　材質

マテリアルは意味をもつ

　建築を仕上げるための材質は、外部であれば屋根・外壁、
内部においては床・壁・天井により素材の選択肢は多く、
それらのデザインの矛先は変わってくる。素材によりデザ
インの表現が異なり、状況によっては機能性も加味しなく
てはならない。空間を計画しながら同時に素材を模索し、
自身のコンセプトに合う仕上げを選択することが良いデザ
インにつながる。素材とデザインは言わば車の両輪のよう
なものである。

　特に商業施設では、新規性のある空間をデザインするた
めに、素材の開発や仕上げ方を考案することは極めて重要
な作業であり、デザイナーの作品の個性に大きく影響する
と言ってもよい。

1 金属の表現

鉄の錆をデザインする

　「新羅館 名東本店」では内部空間と一部の外壁を錆鉄仕上げにした。これは鉄板を錆びさせ、ウレタン樹脂クリヤーを焼き付けた材質である（図116）。表面のテクスチャーは比較的平滑であり、錆の凹凸は気にならない材料で内部空間にも適している。材料の基準サイズの大きさや板厚によりデザインの幅は広がる。

　内部空間の仕上げ素材は用途により選択肢が異なるが、汚れや耐久性を重視しなければならない業種においては、鉄の素材感と錆の自然感を活かすことで、既製の規格品の表情とは違う独自性の高い表現がしやすくなる（図117）。鉄なので加工性に優れており、折り曲げやアール等の加工がしやすく、単に仕上げ材だけでなく、造作照明や設備ガラリ等についても同素材でデザイン可能であることから、空間の一体性を表現できる素材である（図118）。

異なるテクスチャーのアルミをパターン化する1

　「タイキ1333磐田店」の外壁はアルミウレタン焼き付け仕上げで、これはごく一般的なアルミ材の色付けの工法である。アルミ単板を使用する場合には目地部をコーキング押さえとするが、アルミをビス止め押さえにしたディテールとすることも多い。コーキング目地をとるデザインは、目地ポケットを作る際にアルミのエッジが丸みをおびることにより、エッジがシャープになりにくいのである。端部をフラットにするためカットパネルの目透かしとすることで、アルミの板厚が強調されたデザインとなる（図

図 116　駐車場よりファサードを見る（提供：加藤吉宏アトリエ）

図 117　客席より 2 階への階段を見る

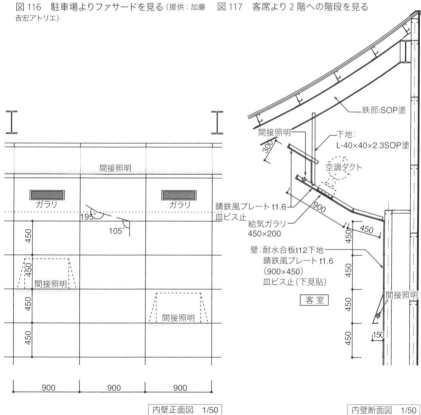

間接照明

ガラリ　　　　　　　　　　ガラリ

195°

105°

450

450

間接照明

450

間接照明

450

900　　　　900　　　　900

内壁正面図　1/50

鉄部:SOP塗

間接照明

下地:
L-40×40×2.3SOP塗

300

空調ダクト

900

錆鉄風プレート t1.6
皿ビス止

450

給気ガラリ
450×200

450

壁:耐水合板t12下地
錆鉄風プレート t1.6
（900×450）
皿ビス止（下見貼）

客室

450

間接照明

450

150

内壁断面図　1/50

図 118　新羅館名東本店

図 119　駐車場よりファサードを見る　　　　図 120　外壁アルミのデザインと色分け

119)。この場合のディテールは、ダブルスキンの構造とし、2重外壁にしなくてはならない（図 120）。目透かしのアルミ外壁は止水性を果たすことができないため、機能としての外壁が必要となってくるからだ。止水性の必要がなくなると、デザインの幅が広がり、ライティングの手法においても選択肢が多くなる。またアルミ板の施工方法では、通常ビスにより取り付けを行うが、ビスの存在を強調させるため円柱形で高さのあるビスを特注で製作し（図 121）、より一体化したイメージとするため外壁と同色の焼き付け塗装とした。

異なるテクスチャーのアルミをパターン化する 2

　鉄板焼き「団居」はゲストルームとキッチンが鉄板を挟んでフラットな関係にある空間である。この関係性は特にデザインを大きく左右する。ゲストルームとキッチンがいわば同等の空間にあることで、仕上げ材の選択やクリーニングの問題等を考慮していかなければならない。両者の必要とする条件を兼ねた素材として、アルミ材をデザインの主体として計画した。アルミ材を鉄板カウンターの2面に使用し、ゲストルームとキッチンが一体となるようにした。アルミ材はウレタン焼き付けの2度吹きとし、同じ

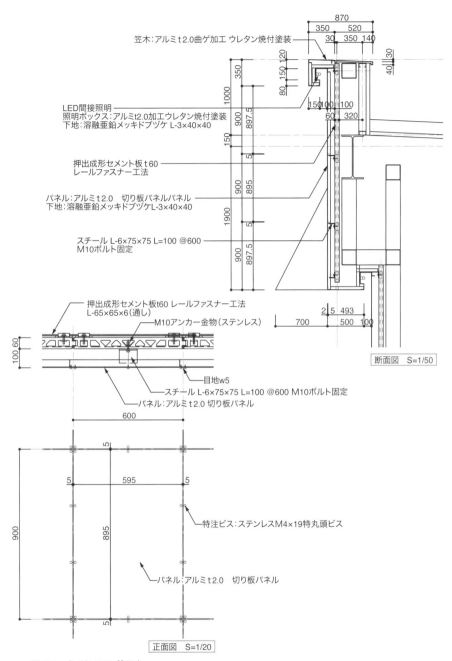

笠木:アルミ t2.0曲ゲ加工 ウレタン焼付塗装

870
350　520
30　350　140
40 30

350
1000
150 120
80 150 100
150 100　100
60　320

LED間接照明
照明ボックス:アルミt2.0加工ウレタン焼付塗装
下地:溶融亜鉛メッキドブヅケ L-3×40×40

900
897.5

押出成形セメント板 t60
レールファスナー工法

150
5

パネル:アルミ t2.0　切り板パネルパネル
下地:溶融亜鉛メッキドブヅケL-3×40×40

900
895

1900

スチール L-6×75×75 L=100 @600
M10ボルト固定

5
900
897.5

2 5 493
700　500 100

断面図　S=1/50

押出成形セメント板t60 レールファスナー工法
L-65×65×6(通し)

M10アンカー金物(ステンレス)

100 60

目地w5
スチール L-6×75×75 L=100 @600 M10ボルト固定
パネル:アルミ t2.0 切り板パネル

600
5
5　595　5

900
895
5

特注ビス:ステンレスM4×19特丸頭ビス

パネル:アルミ t2.0　切り板パネル

正面図　S=1/20

図 121　タイキ 1333 磐田店

図122　客席カウンターからオープンキッチンを　図124　駐車場よりファサードを見る
見る

アルミ板にフラットな焼き付けをした後に、マスキングをした一部にスウェード風な粗目の仕上がりとなる吹き付けを施した（図122）。この2つの仕上げを同じ板に施すと、光により表現の異なるイメージとなる。この2つの仕上げをランダムなパターンで施し、均一性のないデザインとすることで、脂身のさしのような動きを表現した（図123）。鉄板焼き上部の換気フードも同じ仕上げとしたことで、ゲストルームとキッチンの境界がより曖昧となり、臨場感のある場となった。

アルミ板をデザイン加工する1

「ピアーサーティー西日本 本社ビル」のファサードデザインでは、南西角をカーテンウォールとし、両サイドのアルミパネルは厚み2mmの単版を使用して下地アングルにビス止めとし、目地部はクリアランスをとりフリーな状態にしてある。アルミをL字パネルに加工し、縦を強調した立体的な外壁として、その一部にライティングをランダムに組み込んだ（図124）。L字パネルの短辺部に開口部を設け、内部にLEDの器具を取り付け、パネル内から光が漏れるようにデザインした（図125）。エントランスホー

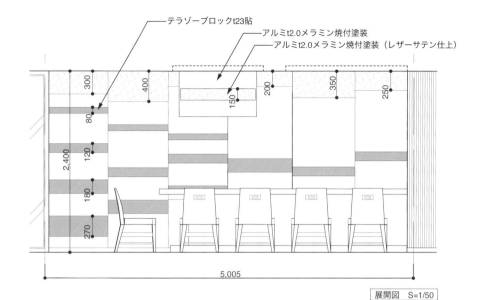

テラゾーブロックt23貼

アルミt2.0メラミン焼付塗装

アルミt2.0メラミン焼付塗装（レザーサテン仕上）

300
400
200
350
250
150
80
120
2,400
180
270

5,005

展開図　S=1/50

金物下地

ケイカルt12

12
12
12
6
23
3

テラゾーブロックt23

糸面

アルミt2.0

部分詳細図　S=1/2

16

スチール16角メラミン焼付塗装

16

12
12
12
50

アルミt2.0メラミン焼付塗装
ケイカルt12 3重貼

50　12　12　16　12

図123　団居

部分詳細図　S=1/5

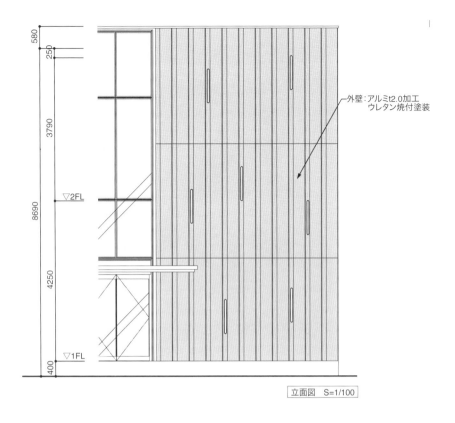

外壁：アルミt2.0加工
ウレタン焼付塗装

580
250
3790
8690
▽2FL
4250
400
▽1FL

立面図　S=1/100

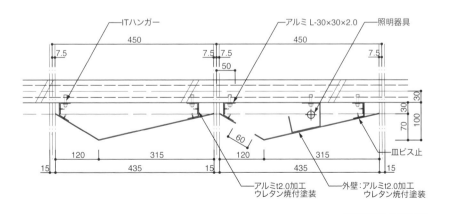

ITハンガー　　　　　　　　アルミ L-30×30×2.0　　照明器具

450　　　　　　　　　　　　　　　450

7.5　　　　　　　　7.5 7.5　　　　　　　　　　　7.5
50

30
30
70
100

120　　　　315　　　　　120　　　315

15　　　435　　　　15　　15　　435　　　15

60

皿ビス止

アルミt2.0加工　　　　外壁：アルミt2.0加工
ウレタン焼付塗装　　　ウレタン焼付塗装

断面詳細図　S=1/10

図125　ピアーサーティー西日本 本社ビル

図126　カーテンウォール部とアルミ外壁周りを見る

ルの階段踊り場から天井まで木製縦ルーバーとし、上部を見え隠れさせ、下部はテストキッチンまで内部空間を見通すことができる。L字アルミパネルの陰影による縦を強調したラインと木製縦ルーバーによって内部空間がおぼろげに映る表現とすることで、異なる要素による縦のディテールが組み合わさったデザインとなった（図126）。

アルミ板をデザイン加工する2

　テナントビル1階のリストウォッチショップ「ムーンフェイズ岐阜店」は全長約12mのファサードを持つ。このショップは、ガラス部分を省いて門型に外壁を作り、ショップとしての外壁をデザインすることができた。テナントビルのファサードとしての外壁を確保できることで、ショップにおける商品や店のコンセプトをより表現しやすくなるのである。

　外壁は厚み3mmのアルミ単板を使用した。外壁の躯体上に施工するため、通常の外壁としての機能は必要ではなく、デザイン性を考慮したディ

テールでパネル間の目地は開けたままの工法とした。アルミパネルは、上部から4段階に分離して造形することで、立体的な外壁とした。上部の2段を縦にアール加工とし、グラデーションの光でボリューム感を出した（図127）。2段目の横壁と縦壁の接点に扇状にカットされた部分から光を施し、下部にも同様な光を仕込んだ。この外壁は、隠し照明とともにアルミを自由に成形することで、立体的なファサードとなった（図128）。

図127　前面道路よりファサードを見る

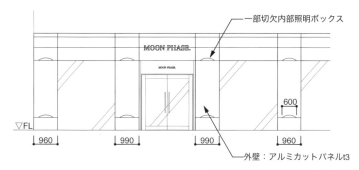

一部切欠内部照明ボックス

MOON PHASE.

MOON PHASE.

▽FL

| 960 | | 990 | | 990 | | 960 |

外壁：アルミカットパネルt3

外壁アルミパネル立面図　S=1/150

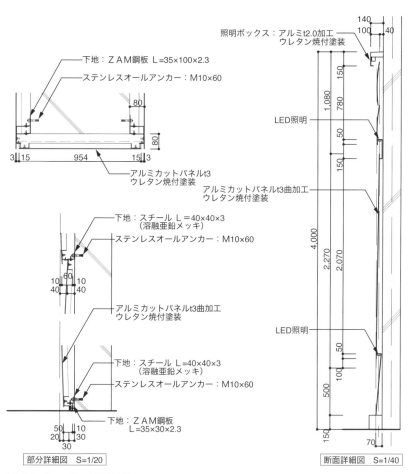

下地：ＺＡＭ鋼板 L＝35×100×2.3

ステンレスオールアンカー：M10×60

アルミカットパネルt3
ウレタン焼付塗装

下地：スチール L＝40×40×3
（溶融亜鉛メッキ）

ステンレスオールアンカー：M10×60

アルミカットパネルt3曲加工
ウレタン焼付塗装

下地：スチール L＝40×40×3
（溶融亜鉛メッキ）

ステンレスオールアンカー：M10×60

下地：ＺＡＭ鋼板
L＝35×30×2.3

部分詳細図　S=1/20

照明ボックス：アルミt2.0加工
ウレタン焼付塗装

LED照明

アルミカットパネルt3曲加工
ウレタン焼付塗装

LED照明

断面詳細図　S=1/40

図128　ムーンフェイズ岐阜店

2 ガラスの表現

ブラスト加工に映る鏡をデザインする

　「わらじや」では、鏡を特殊加工した素材をインテリアに使用した。通常、鏡は物を映し込む、空間の広がりを持たせる等、ギミックの効いた演出に取り入れられるが、飲食店では自身の姿が鏡に映りこんだ状態で食事をとることは好ましくない。したがって、そうならないような鏡の利用法として、物や姿がはっきりと映り込まず、おぼろげな表現になる加工を試みた。ブラスト加工をした鏡では、映し込まれる物体がほとんどぼやけており、鏡の良さである存在感のなさや透明感が失われる。そこで、この店では、鏡の表層にライン状に傷をつけ、明確に映り込まないようにした（図129）。3mm ピッチ程度のランダムな細いライン（図130）は、雨の様なパターンとなるため、その部分は鏡の機能をなくし、縦のレイヤーによって内部空間を断片的に映し込むのである。実像が雨のようなラインを中心に虚像として存在する。通常の鏡の映像が反転するのではなく、もう1つ

図129　カウンター席壁のレイニー・ミラー

図130　ブラスト加工用のフィルムのパターン（提供：加藤吉宏アトリエ）

の実像が雨をメタファーとした向こう側に存在しているようである。この鏡を「レイニー・ミラー」と名付けている。

カラーガラスにフリーハンドでブラスト加工する

　「スガキコシステムズ」では、執務室と廊下の間にガラス壁によるデザインを施した。一般的にガラスと言えば、透明やブラスト加工等が一般的な扱い方であるが、この両者は、内部を開放的に見せるか、もしくは、シルエットとして余韻を感じさせるかで使い分けられる。執務室と廊下との間の壁機能としては、当然ながら閉鎖的なものである方が理解しやすい。しかし、執務室をデザイン的な空間とするならば、この廊下部分の壁のデザインは重要となってくる。区画する機能とデザインとしての表現を両立させるため、2重のガラスの壁とした（図131）。室内側をブラストガラスとし、採光を通すが内部の状況はシルエットしか映し込まない。廊下側はカラーガラスを使用し、筆で書いたようなラインをブラスト加工としてカラー部分を剥がし（図132）、そのライン部分から光が差し込むようにした。夜間であれば、室内照明が廊下の照明としても機能する（図133）。ガラスを単体で使用するのではなく、仕上げ方やテクスチャーを変化させることで、デザイン手法が広がるのである。幾何学的な直線よりも、毛筆

図131　廊下側より光が差し込むガラス壁を見る

図132　執務室からガラス壁を見る

とすることで自然な流れや濃淡を感じさせるデザインとした。

　篠田桃紅（美術家）の毛筆で書かれた書は、それが1本の線であっても、筆の毛1本1本が動きを作り、奥行きを感じさせる（図134）。それらが重なり合った墨の濃淡は、光と陰を構築し空間性の深さを感じさせるのである。

ガラスの柔らかな表情を活かす

　「おちデンタルクリニック長久手」は大型ショピングモール内にあるデンタルクリニックである。ショピングモール内の店舗はファサードが開放型であることが一般的だが、クリニックは法規上閉鎖型となりファサードを持った店舗となることが多い。路面店における待ち合い室のファサードが外部に対して開いていることは少ないが、モール内でのファサードは、ある程度人の動きや空間のシルエットが感じられることが必要である（図135）。

　通路とクリニックの待合室の間はガラス1枚の壁となり、プライバシーをどのように維持しデザインにつなげるかが重要である。ブラスト加工とは異なり、見え方自体が捻られた映像となる加工を選択した。それは、フュージング加工というガラス細工などに使われる技法で、ガラスを溶かして曲げるという手法である（図136）。この加工ガラスとブロンズガラスにフォグラスフィルムを貼ったガラスを組み合わせた。木製サッシュで仕切られた20面のガラスが、3種類の加工と仕上げ方によって内部空間の見え方を変化させ（図137）、一種のモザイク的な効果で、明確さと不明確さが混然とした表現のファサードを作り上げたのである。

　また、造形的なガラスを多用した建築である「プラダ青山店」（設計：ヘルツォーク＆ド・ムーロン）の、大きくふくれた有機的なガラスを外壁と屋根の素材にしたデザイン（図138）は、ガラスの冷たくて無表情なイメージではなく、柔らかさや暖かさが伝わってくる建築と言える。

図 133　ブラスト加工用のフィルムに筆タッチの
パターン（提供：加藤吉宏アトリエ）

図 134　篠田桃紅「1956 前」
（出典：『SHINODA Tokyo 100 YEARS 篠田桃紅百の譜』公
益財団法人岐阜現代美術財団、2013 年）

図 135　通路から見るファサード

図 136　ファサードのフュージング加工ガラス

図 138　ヘルツォーク＆ド・ムーロン「プラダ
青山店」（提供：加藤吉宏アトリエ）

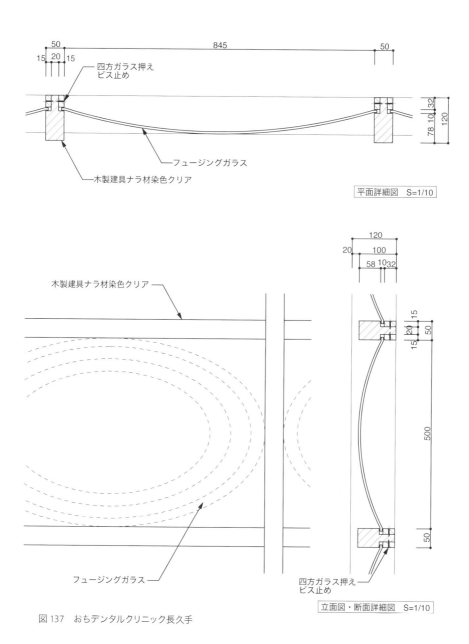

50　　　　　　　　　　　845　　　　　　　　　50

15 20 15

四方ガラス押え
ビス止め

フュージングガラス

木製建具ナラ材染色クリア

78 10 32
120

平面詳細図　S=1/10

120
20　100
58 10 32

木製建具ナラ材染色クリア

15
20
15
50

500

50

フュージングガラス

四方ガラス押え
ビス止め

立面図・断面詳細図　S=1/10

図 137　おちデンタルクリニック長久手

3 木の表現

形の異なる木製縦ルーバーでデザインする

　「ピアーサーティー西日本 本社ビル」の外壁ではカーテンウォールのガラス張りとアルミを立体的に加工したパネルをデザインした。そのカーテンウォールの内側の木製縦ルーバー（図 139）によって階段を包むように内部空間を見え隠れさせ、ガラス越しのもう 1 つのファサードとして成立させている。この木製ルーバーの形状は、長方形のものと大きく斜めにカットした 4 タイプの変形 5 角形がある（図 140）。このようなデザインにすることで、日光が内部に入る角度が変わり、陰の落ち方が変わるのである。また、内部の照明の光の出方が一定にならず、動きのある光と陰を作る。吹き抜け空間を包み込む木製ルーバー（図 141）は、開口部の格子とは異なり、レイヤーによってつくられた物質的な空間から離れた感覚的な空間と解釈することができる。

図 139　エントランスホールの階段を見る

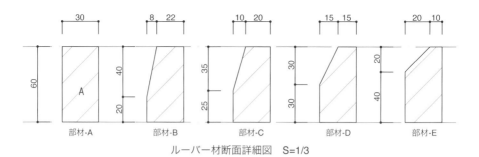

部材-A　　部材-B　　部材-C　　部材-D　　部材-E

ルーバー材断面詳細図　S=1/3

横材：スチール30×50×3.2
ウレタン焼付塗装
化粧カバー付

横材：スチール30×50×3.2
ウレタン焼付塗装

縦材：スチール40×80×3.2
ウレタン焼付塗装

木製ルーバー30×60@60
タモ集成材 染色クリア

ビス穴加工6φ @60
裏面よりビス止め

木製ルーバー30×60@60
タモ集成材 染色クリア

図 140　ピアーサーティー西日本 本社ビル

部分詳細図　S=1/10

D-8本　C-8本　B-8本　D-4本　E-7本　D-7本　C-6本　B-6本　D-11本　C-7本　B-5本　C-8本

B-6本
C-9本
D-13本
B-6本
B-5本
C-6本

階段段板 集成材 t=45
DN

木製ルーバー30×60@60
タモ集成材 染色クリア

廊下

A-29本

23 22 21 20 19 18 17 16 15 14 13

1 2 3 4 5 6 7 8 9 10 11 12

ルーバー配置図　S=1/50

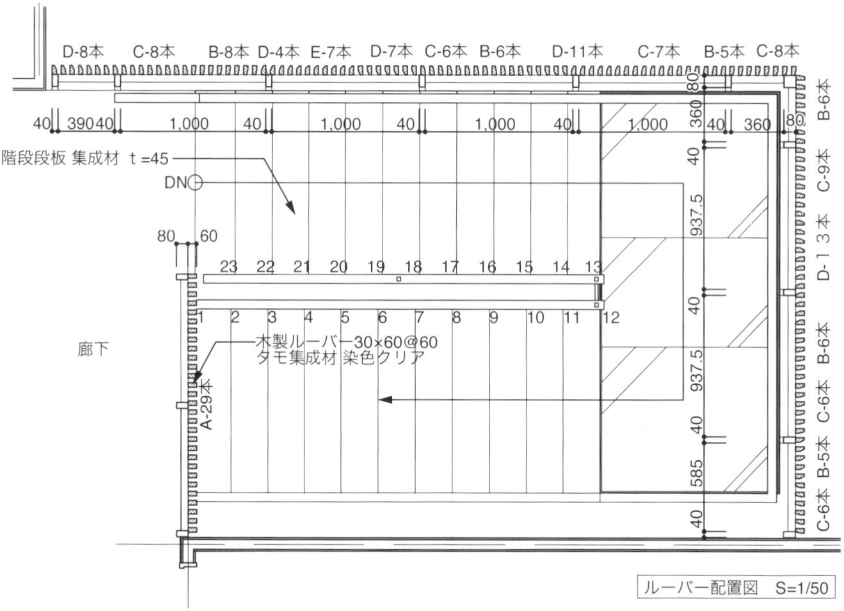

図 141　ピアーサーティー西日本 本社ビル

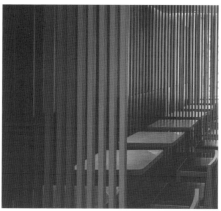

図 142　KAMITOPEN「nana's green tea 上海 ipam 店」
（出典：『商店建築 2017 年 11 月号』商店建築社、2017 年）

　「nana's green tea 上海 ipam 店」（設計：KAMITOPEN）の客席を仕切るための縦ルーバーは、同サイズだが、ピッチをグラデーションの流れで変えていき、ルーバー越しの景色に動きを生じるようなデザインである（図142）。しかもよりピッチの変化を視覚化するため淡い色を施している。

木板壁をモデュール化する

　カウンターのみ 10 席のすし店「すし験」は、和としての木のイメージが強く、デザインの決定が難しい事例となった。仕上げの中心に木を持ってきたものの、仕上げ方法の選択肢には限りがあり、ここでは内装制限がかかったため不燃仕上げとしなければならなかった。3m×7m のゲストルームの 4 面の壁を木板のデザインとし、張り方のデザイン手法を根幹に置いて計画した（図 143）。1 枚のサイズを 300mm×510mm 単位とした木板を長方形に囲まれた壁に傾斜をつけて施工するデザインとした（図 144）。木板の傾斜は、歌川広重の「大はしあたけの夕立」の重なり合った雨のラインをコンセプトとしてデザインした（図 145）。なるべく自然さと力強さを出すために、分節したラインが交互に組み合わさる動きのあるデザインとすることで、和の表現の中に情景が湧き出る空間となっている（図146）。

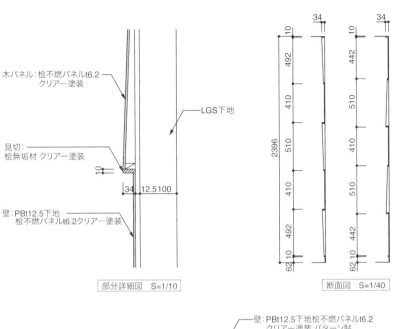

木パネル：桧不燃パネルt6.2
クリアー塗装

LGS下地

見切：
桧無垢材 クリアー塗装

10

34 12.5100

壁：PBt12.5下地
桧不燃パネルt6.2クリアー塗装

部分詳細図　S=1/10

断面図　S=1/40

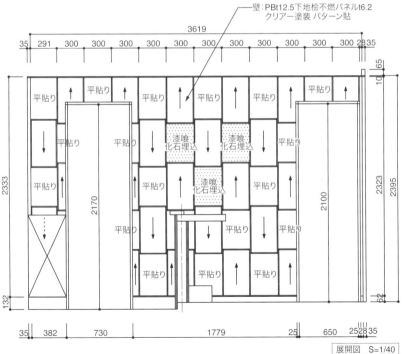

壁：PBt12.5下地桧不燃パネルt6.2
クリアー塗装 パターン貼

3619

展開図　S=1/40

図144　すし験

図143　カウンター席よりオープンキッチンを見る

図145　歌川広重「大はしあたけの夕立」（出典：『原安三郎コレクション 広重ビビット』TBSテレビ、2016年）

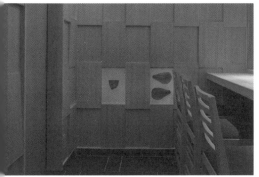

図146　動きのある木板仕上げの壁

竹の自然感をデザインする

　お好み焼き店「六三 赤坪店」では内部空間のデザイン要素として竹を選択した。竹は、製材の木のように同じサイズにすることが不可能で、太さや節の位置も異なり均一とはならない。むしろランダムな形状であることが自然さをより強調できる素材である。この店では、パーティション部と特注照明を竹を素材としたデザインとすることで空間を構成した（図147）。客席は45m^{2}と小規模の店内であることから、隣席を軽く仕切る壁によって区画しながらも開放感を感じられる計画とするため、日本家屋や茶室の下地窓のように竹を露出したデザインとした（図148）。竹が単にパーティションや照明のシェードとして使われるだけでなく、照明の光によりできる陰影が重なり、狭い空間に動きを与えて豊かな表現となった（図

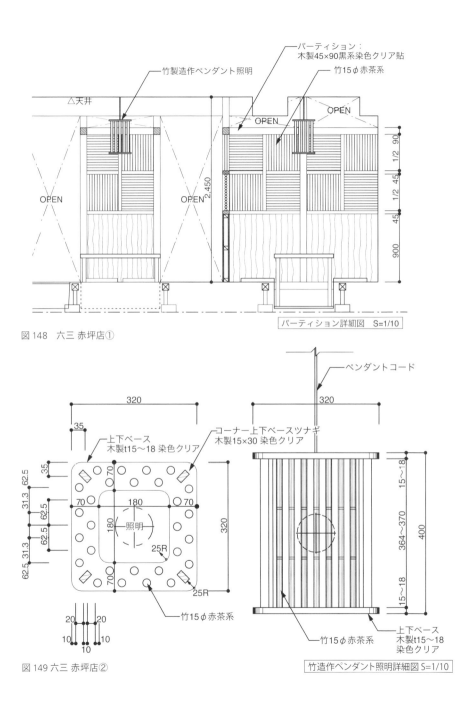

パーティション：
木製45×90黒系染色クリア貼

竹製造作ペンダント照明

竹15φ赤茶系

△天井

OPEN

OPEN

OPEN

OPEN

2,450

90 1/2

45 1/2

45

900

パーティション詳細図　S=1/10

図148　六三 赤坪店①

ペンダントコード

320

320

35

上下ベース
木製t15〜18 染色クリア

コーナー上下ベースツナギ
木製15×30 染色クリア

35

70

62.5 62.5

70

70

31.3

62.5

180

180

照明

320

62.5

70

31.3

25R

62.5 31.3

70

25R

竹15φ赤茶系

15〜18

364〜370

400

15〜18

20

20

10

10

10

竹15φ赤茶系

上下ベース
木製t15〜18
染色クリア

図149 六三 赤坪店②

竹造作ペンダント照明詳細図 S=1/10

図147　竹を使った壁とランプシェード

図150　鳥居デザイン事務所「danro」
（出典：鳥居デザイン事務所、撮影：Nacása & Partners Inc.）

149）。

　竹を壁に埋め込んだデザインの例として「danro」（設計：鳥居デザイン事務所）がある。竹と塗り壁との日本的な組み合わせでありながら、竹を壁の中心に入れて構造の役割を果たさせるのではなく、竹を壁の表層に表して塗り込み、パターン化したデザインは、日本的な文化を超えた壁の表現となっている（図150）。

木製格子組みで空間をつなげる

　「関市本庁舎アトリウム」のエントランスホールに、新たに機能を持たせるアイテムを計画し、受付カウンター、市民のための資料閲覧コーナー、イベントカウンター、市民開放コーナー、ワークショップ会場の5つの機能を果たす空間をデザインした（図151）。素材は木製の角材を用い、組み方をデザインの核としたコンセプトにより、大きなアトリウム内に建築物のように存在させたのである。受付カウンターは、以前は案内を主体としたものであったが、各種イベントや市の案内物の展示ができるカウンターを併設し、車椅子でも利用しやすいデザインとした（図152）。アトリウムの中央部に木造フレームによる構造体の空間をつくり、ワークショップ会場の機能とした。木造フレーム間に木製の角材を用いた斜め格子を重ねた手法により壁をデザインした（図153）。角材を重ねることで、

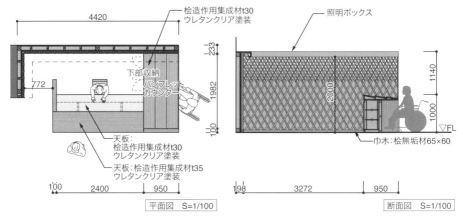

4420

桧造作用集成材t30
ウレタンクリア塗装

照明ボックス

233

1982

2000

1140

1000

100

下部収納
パンフレット
カウンター

772

▽FL

巾木：桧無垢材65×60

天板：
桧造作用集成材t30
ウレタンクリア塗装

天板：桧造作用集成材t35
ウレタンクリア塗装

100 | 2400 | 950

平面図　S=1/100

198 | 3272 | 950

断面図　S=1/100

図 152　関市本庁舎アトリウム　受付カウンター

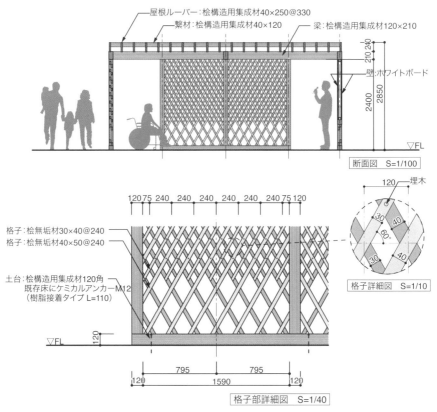

屋根ルーバー：桧構造用集成材40×250@330

繋材：桧構造用集成材40×120

梁：桧構造用集成材120×210

210 240

2400

2850

壁：ホワイトボード

▽FL

断面図　S=1/100

120 75 240 240 240 240 240 240 75 120

120

埋木

格子：桧無垢材30×40@240

格子：桧無垢材40×50@240

土台：桧構造用集成材120角
既存床にケミカルアンカーM12
（樹脂接着タイプ L=110）

30 40
60°
30 40

格子詳細図　S=1/10

120

▽FL

120

795 | 795

120 | 1590 | 120

格子部詳細図　S=1/40

図 153　関市本庁舎アトリウム　市民恊働スペース

図 151　エントランスから受付カウンターを見る

図 154　ワークショップ会場内部から木製格子
のパターンを見る

図 155　隈研吾建築都市設計事務所「スターバックスコーヒー太宰
府天満宮表参道店」(出典：『GA KENNGO KUMA 2006-2016』エーディーエー・
エディタ・トーキョー、 2012 年)

内部を見る角度によって見え方が変わり（図 154）、開放性がありながら
も適度に見え隠れする格子デザインとなった。
　「スターバックスコーヒー太宰府天満宮表参道店」（設計：隈研吾建築都
市設計事務所）は木製角材を使ったデザインをファサードから内部空間へ
とつなげた事例である。角材は建築構造体とは切り離されているが、造形
的な組み方（図 155）がもう 1 つの構造性を感じさせる空間手法である。

4 異種素材の表現

ビニールテントで多機能をデザインする

　「スピカヘア」では、ヘアサロンの各機能をビニールテント素材を使ってデザインした。そもそもこの素材は、外部テントに用いるためのものであり、内部空間に使用することは少ないが、この店舗では、空間を仕切る、物を隠す、外部と遮断する箇所にテント素材を使用した。

　ステンレスワイヤーによってテントの4隅から床と天井面にテンションをかけて取り付け、仕切り壁の機能とした（図156）。光の透過率が約50％のビニールテント地を使うことにより、裏面からのライティングで、フェイス面に間接的に光を当てることも可能である（図157）。物を隠す

図156　ビニールテント素材により空間を仕切る

図157　セットミラーのビニールテント素材によるライティング

役割としては、タオルなどの収納扉の機能に用い、ブラインドの仕組みを使って開閉するようにデザインした。外部との遮断についても、開口部のブラインドとして用い、上下開放と部分的な開放の機能を持つチャックによってデザインをした（図158）。このヘアサロンの空間機能とデザインがこのビニールテント素材によって決定されている。

　従来建築資材としては想定されていなかった素材として、紙管がある。「ペーパーテイナー美術館」（設計：坂茂建築設計）は、構造体や内部空間の壁などに紙管を使用している。木素材の自然感や優しさとは異なり、紙素材は構築物（図159）としての力強さは少ないが、紙自身が持つもろさがパーツ同士のつながりをより強く感じさせ、それが空間としての新規性を感じさせる。

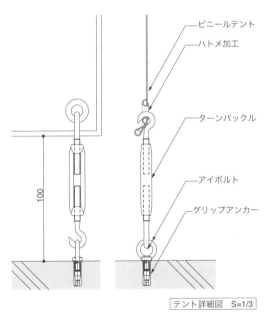

図158　スピカヘア

図159　坂茂建築設計「ペーパーテイナー美術館」（出典：『坂茂の建築』TOTO出版、2017年）

木片圧縮材を加工し壁をつくる

　木片圧縮材は木片の平板で、このままで使用するのでは面白みのない素材である。材料には、素材のままで魅力があるものと、素材に対し仕上げをすることで成立するものがあるが、この素材は加工を伴わないとデザイン性のあるものとはならない。木片圧縮材を使用する場合は、その平板にパターン加工を施すことでデザイン性のある仕上げとなる。焼肉「勢 豊田司店」では、パターン加工して打ち抜いた部分から光が漏れるように、ライティングを絡めた壁としてデザインしている（図160、図161）。パターン加工する素材はスチール製の素材でも可能ではあるが、木片圧縮材は厚みをもたせることが可能なためパターンの掘りが深くなり、陰影が強調されるのである。加工性が良く着色などの仕上げも容易であり、デザインの幅が広い素材である。

オリジナルのコンクリート板をつくる

　アミューズメント施設のパチンコ「ゼント可児店」の外壁に使用した素材は、工場でオリジナル製作したコンクリート板である。通常、工場生産のコンクリート板は規格品としてサイズや表層のデザインが決められているが、今回はガラス繊維コンクリート（GRC）の材料を使用しオリジナルの型を製作し造形的な特注品としたものである（図162、図163）。コンクリート版の色指定もでき、版の中に豆砂利を混入させ表層にその豆砂利を表すデザインとした。形状はランダムなウェーブ状とし、連続的な流れのあるものとした（図164）。通常の現場打ちコンクリートにおいても造形的なデザインは可能であるが、ある一定の仕上りを保つことはできない。均一性を求めながら造形的な形状を追求できる素材なのである。

　「ハウス・オブ・ディオール・ソウル」（設計：クリスチャン・ド・ポルザンパルク）の外壁は、建築を覆う花びらのような造形である（図165）。

図 160　木片圧縮材壁面のパターン加工①

MDF t12 NC加工 ウレタン吹付塗装仕上
（数値制御による機械による加工方法）

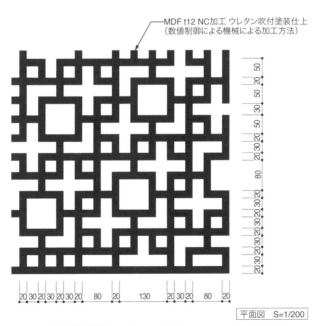

平面図　S=1/200

図 161　木片圧縮材壁面のパターン加工②

図 162　駐車場より GRC 板のファサードを見る

図 163　GRC 板の製作現場（提供:加藤吉宏アトリエ）

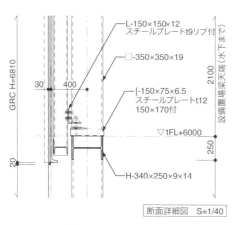

L-150×150×12
スチールプレートt9リブ付

□-350×350×19

[-150×75×6.5
スチールプレートt12
150×170付

▽1FL+6000

H-340×250×9×14

GRC H=6810

設備置場梁天端（水下まで）

2100

250

30　400

20

断面詳細図　S=1/40

図 164　ゼント可児店 外壁

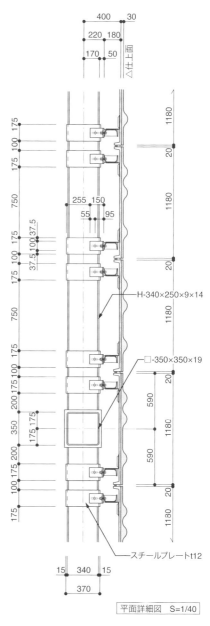

400　30
220　180
170　50

△仕上面

1180

20

1180

255　150
55　95

20

H-340×250×9×14

□-350×350×19

590

20

1180

590

スチールプレートt12

15　340　15
370

平面詳細図　S=1/40

この素材も GRC 板によるデザインで、もはや建築の外壁というよりアート性の高いオブジェのような存在である。

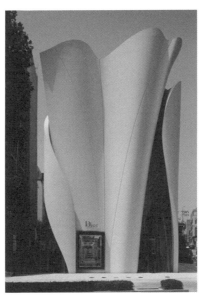

図165　クリスチャン・ド・ポルザンパルグ「ハウス・オブ・ディオール・ソウル」（出典：Christian de Portzamparc HP、https://www. christiandeportzamparc. com/en/projects/flagship-dior-seoul)

マテリアルは空間を示唆する

　商空間デザインの現場においては、プランを決めながら見せ場となるデザインを考え、同時に各部の仕上げを決定しなければならない。空間のイメージが総合的に合致するまで、仕上げの見直しは続き、そしてデザインやプランまで変更していくのである。時にはコンセプトのあり方まで考えを見直すこともある。店舗の用途によっては機能性を考慮しなければならないので、多くの選択肢の中から決定していく。しかし問題はここで終わりではなく、その決めた素材が、今回の店舗の総工費に合致した材料単価になっているかが重要である。素材は、建築費に直結する大きな要素の1つであり、工事金額に合わない場合は、その素材の変更は当然である。こういった状況は日常茶飯事であり、そのためにデザイナーは、いくつものアイディアを持っていないといけないのである。空間は仕上げが発する表現と機能により、デザインやコンセプトに大きな影響を及ぼす要素である。

5章　色

空間づくりでは色はマニュアル通りにいかない

　建築に限らず、全ての物には色がある。それが着色した
物なのか、素材その物の色なのかによっても違いがある。
色がある以上、それらの素材のコーディネートや色の配分
が重要であり、また造形により色の印象も異なってくる。

　建築の用途やテナントの業種の幅が広くなれば、当然な
がらデザインの手法や素材の選択によって色を上手く扱わ
なければ、デザインだけでなく空間としての居心地にも大
きく影響を与えてしまう。形と色の総合的な空間における
バランスが崩れれば、表現とコンセプトのずれを生じるこ
とにもつながるのである。

1 色によるインテリアのイメージ

色から空間をデザインする

　タイ料理「テクスト」は、レストランでありながら深夜になるとクラブディスコとなる。この用途の組み合わせは若干の無理があるようだが、造形的な接点をデザインエレメントにするのではなく、タイにおける色のイメージとクラブディスコのポップな感覚を空間の主軸とし、両者におけるエレメントの接点として色をデザインする空間とした（図166）。この空間での色の使い方は、塗料の種類により、色をまとった質感を表現するため（図167）、艶を全く感じさせないマットな塗装を選択した。建築用塗料においては、マットな塗装材は水性系でも溶剤系の艶消し材でも幾分か照りを感じさせてしまう。この空間の場合、建築用塗料よりグラフィック用で使われる塗料の方がよりマットな仕上がりとなることがわかった。この塗料により、色と形が造形としての表現を引き出すことにつながった。色により空間を構成する機能が自立したインゴットとなり、動きのあるデザインがより強調された空間となった（図168）。

　空間の造形的要素としての壁、天井、カウンターを、同様のデザインとして内部空間を構成しながら色を纏う手法は、ザハ・ハディドが香港の「クラブ・ザ・ピーク」のコンペティションで勝ち取った、直線が絡み合うよう造形が作り出す建築（図169）や、マレーヴィチ（図170）の「シュプレマティズム（シュプレムス No.58）」のように、規則性を持たないボリュームが色によってより明確なデザインとなっている。

図 166　カウンターの造形と壁、天井の主張した造形と色（撮影：加斗タカオ）

図 167　客席から動きのある天井を見る（撮影：加斗タカオ）

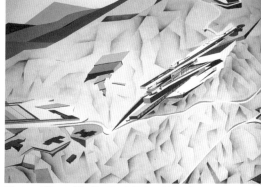

図 168　各要素が色により自立した造形となる（撮影：加斗タカオ）

図 169　ザハ・ハディド・アーキテクツ「クラブ・ザ・ピーク」コンペ案（出典：『EL croquis 52 ZAHA HADID1983-1991』EL croquis editorial、1995 年）

図 170　カジミール・マレーヴィチ「シュプレマティズム（シュプレムス No.58）」（出典：セルジュ・フォーシュロー 著・佐和瑛子 訳『現代美術の巨匠マレーヴィチ』美術出版社、1995 年）

楽しく学べる色のある空間をデザインする

　一般的に小学生の学習塾において色を主体として空間を構成することはないが、学校とは異なり自主的に勉強を行う場として、より楽しく学べる仕掛けを色によるデザインで構築することは有効であると考える。学習塾「シーガルスクールセカンド」では、先生の事務のための空間と子どもたちの図書コーナーが同室にあり、先生と子どもたちとのコミュニケーションの場となっている。事務室としての機能と子どもたちの図書コーナーとしての機能を持った空間に、色を多用した本棚をデザインした事例である（図171）。本棚については、単に本を収容するだけでなく、同時に本の魅力を伝えることができるデザインを試みた。空間内に自立した本棚を計画することで、動線を豊かにすることができ、さらに両面から使用できるデザインとした。どちらもが表であり裏でもあることが、デザインの可能性を増し、裏パネルに色を施すことで視覚的に豊かになり、陳列する本との一体性が生まれるのである（図172）。色を差し色としてポイントで使うのではなく、色によって思いを示唆することで、より一層、色の楽しさが表現できる。

図171　本棚の背面に動きのある配色（撮影：加斗タカオ）

図172　見通しができる本棚越しに空間を見る（撮影：加斗タカオ）

2 素材を生かす

天然の色むらをデザインする

　ヘアサロン「ラ・フォーレ」は大理石の素材感をより表現できる使い方をした事例である。4種類の大理石を色によって機能別に使い分けてデザインをしている（図173）。床と自立壁（セットミラー）（図174）で大理石の色を使い分けることで、より機能が明確化されながらも、素材の一体感により空間としての力強さを表現することが可能となった。自立壁は1色で統一する一方、床は3色とし、自立壁の方向性を強調するようなランダムなラインでデザインした（図175、図176）。同一素材で色を多く使うデザインでは、統一感のなさを感じさせるが、それらを機能別に明確に

図173　ウェイティングスペースより大理石の自立壁を見る（撮影：加斗タカオ）

図174　セットミラーの自立壁と張り分けられた床の大理石（撮影：加斗タカオ）

使い分ける手法であれば、素材の統一感を保ちつつ、機能の自立性を高めることができるのである。

図175　自在な方向と異なる色を持つ大理石（撮影：加斗タカオ）

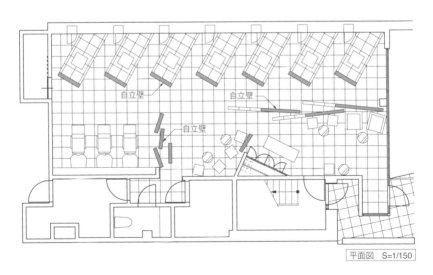

図176　ラ・フォーレ

色で木目を引き立てる

　和食「魚菜」では、木部を染色仕上げとした。木目を出しながらのラッカー染色は、木材の色と木目の加減により表情に個性が表れる（図177）。この木部の染色は縦格子のパーティション部と特注椅子に施した（図178）。選択した色は赤系、青系、黒系、生成りの4色とした。この4色は、和食では選択しづらい色ではあるが、空間全体を黒とし、闇の中に色を際立てる構成とすることで、差し色として効果的なデザインとなった。木材の生地に同色で塗り潰す場合は一定の色の単調な仕上がりとなるが、木材の生地へのラッカー染色は程よいむらが自然感を出し、色をランダムに配置することで躍動感のある空間となった。

図177　暗い空間の中に浮かぶ木部の染色

図178　同染色の縦格子と椅子

無機質板を自然な風合いへ

　焼肉「高麗館」の内部空間は土壁、木、そしてセメント系のフレキシブルボードという素材でデザインをした。土壁と木は自然感をストレートに表現する素材であるが、フレキシブルボードは無機質な素材であり、表面が均一な仕上がりの規格品ではない。この素材に染色クリアーを塗ることによって、塗料の付きの差により斑ができ、自然な表現となる（図179）。無機質なボードの表層は、素材としての質感を残しつつクリアーの濡れたような仕上がりとした。塗り潰した塗装のように表面を隠さない手法は、無機質なフレキシブルボードを生かす新しい表現方法となる（図180）。

図179　無機質な壁素材と土壁に木製仕上げとの調和（撮影：加斗タカオ）

図180　無機質な壁のむらのある染色クリアー（提供：加藤吉宏アトリエ）

3 色を主張した形

色は形で変化する

　バーを主体としたレストラン「ジェミ」では、天井が 5.5m と高く吹き抜けのある解放的な空間のため、壁面を生かすデザインが有効であると考え、バーのカウンターバックとベンチシートバックの 2 ヶ所の壁がキャッチとなるようデザインした。バーカウンターの壁面は、ALC 版に和の要素のパターンをレーザー加工した（図 181）。ALC 版は本来外壁材として使用されるが、気泡のある素材感が石を彫刻したような表現をもっており、それに着色を施した。上部を緑色、下部を赤色とし、その中央では混合色とした。2 種類の酒が混ざり合ったカクテルのような自然な着色は、陶板のようにも感じられる風合いの表現につながっている（図 182）。

図 181　カウンターバックのレーザー加工されたパターンに着色

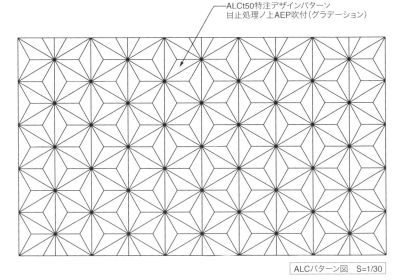

ALCt50特注デザインパターン
目止処理ノ上AEP吹付(グラデーション)

ALCパターン図　S=1/30

図182　ジェミ　カウンターバック

　ベンチシートの壁面では、壁そのものに着色するのではなく、パターン柄のインクジェットシートを壁面に貼り、その前面にステンレス鏡面板を3角形に組み上げ（図183）、パターン柄が鏡面板に万華鏡のように映り込むことで（図184）、見る方向によって形を変える立体的な色のパターンを表現している。

　「ママ・シェルター」（設計：フィリップ・スタルク）のホテル内にあるカウンターバーでは、建築的な仕上げとして素材に着色するのではなく、カウンター上部にある帯状の照明器具にカラフルな浮き輪を通し、そのビニール越しにほのかに発光させると同時に、その物が持つ色が密集することで一体の色彩となり、浮き輪というよりも立体的なパステル画のような宙に浮いた演出となっている（図185）。このように、ディスプレイの手段によって室内に色を感じさせるデザインができるのである。

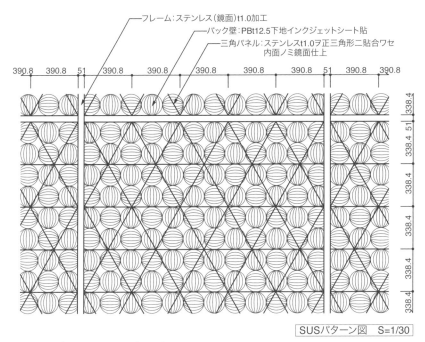

フレーム：ステンレス（鏡面）t1.0加工
バック壁：PBt12.5下地インクジェットシート貼
三角パネル：ステンレスt1.0ヲ正三角形二貼合ワセ
　　　　　　内面ノミ鏡面仕上

390.8　390.8　51　390.8　　390.8　　390.8　　390.8　　390.8　51　390.8　390.8

338.4
338.4　51
338.4
338.4
338.4
338.4

SUSパターン図　S=1/30

図184　ジェミ　ベンチシートバック

図183　ベンチシートバックのパターン柄が鏡
面板に映り込む

図185　フィリップ・スタルク「ママ・シェルター」
（出典：『FRAME93 JUI/AUG』Frame Publishers、2013年）

3　色を主張した形　　131

空間をインクジェットでアートする

　塩ビシートにインクジェット印刷を施し、壁などの仕上げとして使用した中国料理「シェンロン」の事例である。印刷技術の発展により大型プリンターで解像度の高い絵や写真が印刷できるようになった（図186）。商空間では、今までになかった大きな面での演出が可能となり、新たなデザイン手法の1つとなったと言ってもよい。

　このレストランでは、壁と大型のスライディングドア部分にインクジェット印刷を施した。額縁に収まった絵画のような単なる壁のキャッチとしてではなく、空間のイメージを表現する1つの要素となっている（図187）。また、この仕上げは手仕事による壁画作品とも異なり、その壁の存在を主張する芸術化した機械的表現による壁画とも言える。

　「ザ・ホテル・ルツェルン」（設計：アトリエ・ジャン・ヌーヴェル）では、客室内の天井を絵画で覆っている（図188）。宿泊という用途を考えれば、天井はより目立つ箇所であり、天井画はインパクトを与えられる。内部空間でのインパクトを得るだけでなく、外部からの視線をも考慮して天井画とすることで、外部環境に開かれた内部空間のアート的な仕掛けとなっている。

図186　大きな花柄のインクジェット印刷を施した壁

スライディングウォールパネル：焼付鋼板仕上ノ上インクジェットシート貼

3200

▽FL

| 壁パターン正面図　S=1/60 |

図 187　シェンロン

図 188　アトリエ・ジャン・ヌーヴェル「ザ・ホテル・ルツェルン」(出典：
『EL croquis1123/113 JEAN NOUVEL 1994-2002』EL croquis editorial、2002 年)

色は感情を沸き立てる

　空間の中に塗られた色は、それ自体でイメージを与える。造形に限らず、色を使うことで、色の持つ意味が表面化するのである。単色で空間を構成する場合は、色としての表現を前面に打ち出すが、多彩色をテーマにしたデザインであれば、単色の表現とは異なった手法となる。そもそも、日本の伝統的な空間は、木、土、和紙などの素材が持つ自然色で構成されてきた。しかし現代の商空間では、様々な表現の中、着色によって色を使いこなすことも必要となっている。これは一般的に色のコーディネートと言われるが、補色との色の組み合わせが良いだけのコーディネートは、ある意味、標準的な表現感覚であり、守りに入ったデザインになりかねない。色をテーマにしてオリジナリティを出すのであれば、基本的な手法ではなく、時には、禁じ手を使うことも新たな手法への挑戦として必要であると思う。

6章　照明

影は光を強調させる

　商空間においてライティングデザインは、その空間を表現するために最も重要な作業であると言ってもよい。

　外部環境のライティングにおいて、建築のファサードを周辺の建物よりもインパクトのある存在にするためには、光の明るさだけではなく建物のシルエットが重要である。内部空間では、デザインや素材をより明確に表現するためにはライティングの手法が大きく影響する。

　商空間のデザインにおいては、造形とともにライティングデザインの計画をしながら全体をデザインしていく。キャッチとなる見せ場を作る時には、むしろライティングを先に計画していく場合もある。ライティングデザインの考え方が感動を大きく左右することは紛れもない事実である。

1 型どる光

光で形をあらわす

　「パシフィック・ビル」では、ファサードのライティングデザインによって差別化を図った。立地としては、前面道路を挟んで向かいの敷地には樹木が立ち並ぶ公園があり、都市の中にありながら環境の良い敷地である。今回、ファサードのリニューアルに伴い、ライティングのデザインも一新した。アルミフラッシュのルーバーを樹木のように自然に屈折させたラインを建物の3層まで表現した（図189）。それぞれの階層の上部に照明ボックスを設置し、光のグラデーションによって屈折したアルミルーバーを浮かび上がらせるようにした（図190）。1階から2階への吹き抜け部分の両サイドの壁には、への字に加工した2種類のアルミ板を交互に組み合わせ（図191）、上部からライティングすることで、アルミ板の内側を抜ける光と表面に当たる光が樹木の葉から落ちてくる木漏れ日のようになり、公園の自然と一体となるようなデザインとなった（図192）。

図189　前面の樹木をからめて見たファサード

図191　歩道より1階エントランスへつながる
アプローチ

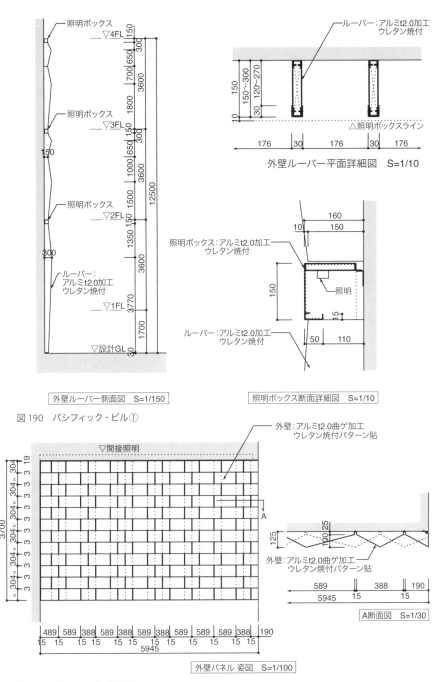

照明ボックス

▽4FL

150
300
650
700
3600
1800

照明ボックス

▽3FL

150
150
300
650
1000
3600
1500
12500

照明ボックス

▽2FL

150
150
1350
3600

ルーバー:
アルミt2.0加工
ウレタン焼付

300

▽1FL

3770
1700

▽設計GL

30

外壁ルーバー側面図　S=1/150

ルーバー:アルミt2.0加工
ウレタン焼付

150
150～300
120～270
30
10

△照明ボックスライン

176　30　176　30　176

外壁ルーバー平面詳細図　S=1/10

照明ボックス:アルミt2.0加工
ウレタン焼付

160
150
10

照明

150
15

ルーバー:アルミt2.0加工
ウレタン焼付

50　110

照明ボックス断面詳細図　S=1/10

図190　パシフィック・ビル①

外壁:アルミt2.0曲ゲ加工
ウレタン焼付パターン貼

▽間接照明

304
3
304
3
304
3
304
3
304
3
304
3
304
3
304
3
304
3
304
3
3700
19

A

489 589 388 589 388 589 388 589 589 589 388 190
15 15 15 15 15 15 15 15 15 15 15
5945

外壁:アルミt2.0曲ゲ加工
ウレタン焼付パターン貼

125
100 25

589 388 190
15 15
5945

A断面図　S=1/30

外壁パネル 姿図　S=1/100

図192　パシフィック・ビル②

光でデザインに寄りそう

　鉄板焼き「団居」は、1階の飲食店でありながら開口部を持たないファサードデザインである。間口4mほどのファサードではあるが、内部空間を最大限に表現できるように、内外ともにアルミのウレタン焼き付けを使用し、デザイン要素の一体化を図った。ファサードのアルミは3mmを使用し、カットパネルの工法でエッジを単板で見せている（図193）。デザインは下見張りの工法で、単板の長さと高さを変えたものを角度を変えて張っている。その内側にLEDを仕込んでアルミ板を照らしている。小さなファサードを目立たせるためには、単体の面を単一のデザインにするよりも、細かく分かれた素材によって（図194）動きのある造形にすることが効果的であり、同時にライティングによって形を明確にさせることが有効である（図195）。

図193　動きのある光がファサードをつくる

図194　ファサードのアルミパネルからこぼれるランダムな光

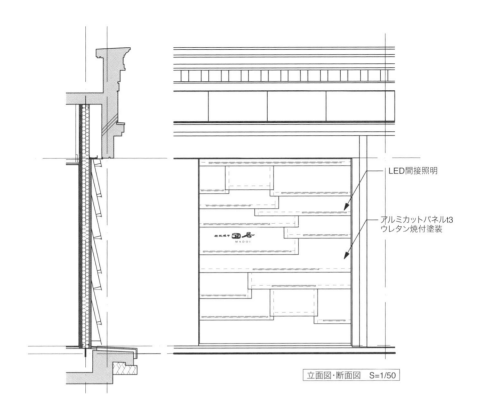

LED間接照明

アルミカットパネルt3
ウレタン焼付塗装

立面図・断面図　S=1/50

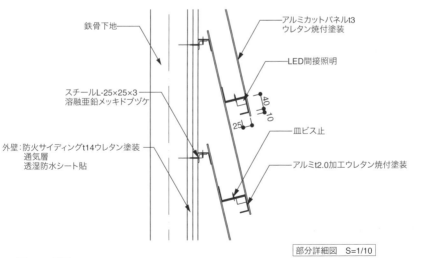

鉄骨下地

アルミカットパネルt3
ウレタン焼付塗装

LED間接照明

スチールL-25×25×3
溶融亜鉛メッキドブヅケ

40
10
25

皿ビス止

外壁：防火サイディングt14ウレタン塗装
通気層
透湿防水シート貼

アルミt2.0加エウレタン焼付塗装

部分詳細図　S=1/10

図 195　団居

光で形をやわらげる

　アミューズメント（パチンコ）施設のファサードデザインは、通常、派手な色や無駄なまでの照明を多用し、その建物が視覚に入ると同時にアミューズメント施設として認識されれば良しとされることが多い。しかし「ゼント木曽川店」では、そういった手法はとらず、印象に残るライティングデザインを試みた。道路側のメインファサードでは、12mの庇が跳ね出し、中央部に風除室を配置した計画である。ライティングプランは、直接光をやめ、全て間接的な光を組み込んだ（図196）。外壁面は、下部からのグラデーションの光とするため、土間部分を掘り込みカットオフさせたライティングをした。庇を支える柱は、スチール製のスパンドレルで柱型を仕上げ、下部はスポットライトの照明ボックスとした（図197）。その上部も同様のスパンドレルを用いパンチング加工して光を透過させた。柱は光により存在を薄くし、軒下の空間を浮き上がらせている。大きな庇は、床からスポットによるアッパーライトで照らしている。スポットは地中にボックスを作り、上部をステンレス製のグレーチングを斜めのフィンとした形状により角度をつけた配光にした（図198）。

図196　駐車場からライティングされたファサードを見る

図197　柱型内部のパンチングから漏れる光

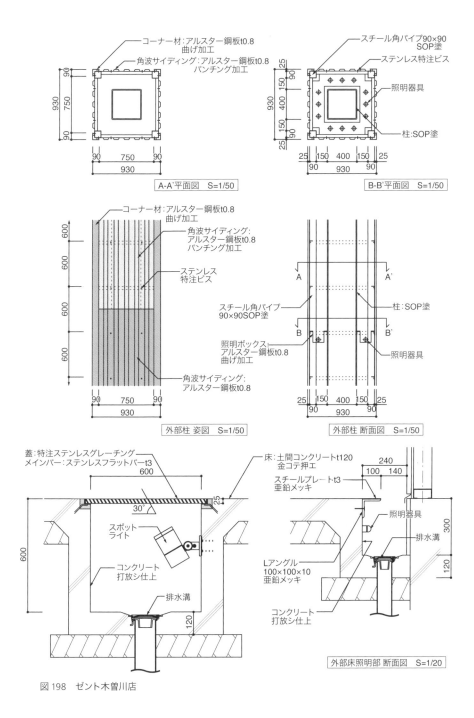

コーナー材：アルスター鋼板t0.8 曲げ加工
角波サイディング：アルスター鋼板t0.8 パンチング加工

A-A'平面図　S=1/50

スチール角パイプ90×90 SOP塗
ステンレス特注ビス
照明器具
柱：SOP塗

B-B'平面図　S=1/50

コーナー材：アルスター鋼板t0.8 曲げ加工
角波サイディング：アルスター鋼板t0.8 パンチング加工
ステンレス 特注ビス
角波サイディング：アルスター鋼板t0.8

外部柱 姿図　S=1/50

スチール角パイプ 90×90SOP塗
照明ボックス：アルスター鋼板t0.8 曲げ加工
柱：SOP塗
照明器具

外部柱 断面図　S=1/50

蓋：特注ステンレスグレーチング
メインバー：ステンレスフラットバーt3
スポットライト
コンクリート打放シ仕上
排水溝

床：土間コンクリートt120 金コテ押エ
スチールプレートt3 亜鉛メッキ
照明器具
排水溝
Lアングル 100×100×10 亜鉛メッキ
コンクリート打放シ仕上

外部床照明部 断面図　S=1/20

図 198　ゼント木曽川店

ブティック「STUDIOUS 3rd」（設計：鬼木デザインスタジオ）のライティングは、ディスプレイ台の上部にグリッド状にカットされたシルバーの金属板を施している（図199）。それらの金属板は仕上げ方と角度が変えられており、スポットの光が当たると、反射光は商品や壁、天井にアート的な陰影を作り出し、空間の造形とは別のもう1つのデザインとなるのである。

図199　鬼木デザインスタジオ「STUDIOUS 3rd」（出典：『商店建築 2017年7月号』商店建築社、2017年）

2 演出する光

揺らぐ光を演出する

　イタリアレストラン「カノビアーノヴィレッタ」の壁のライティングは、一面をガラスとし、内部からの発光による演出とした。ガラスによるライティングでは、通常ブラストガラスにより、それ自身を発光させる手法をとることが多いが、この空間ではガラスを透明とし、内部を見せるデザインとした（図200）。内部の照明ボックスとなる部分には、スパンコールを吊るし、ボックス内に換気扇を設置して空気の対流を起こさせ、スパンコールをかすかに揺れさせた。スパンコールはランダムな光を受け、発光しているかの様なライティングとなった（図201）。照明ボックスのガラスは、光の出方をグラデーションパターンによるシルク印刷によって調整した（図202）。自然感のある光を演出するため、異なる仕掛けによって発光の質を組み合わせたライティングデザインの手法である。

図200　ガラスのシルク印刷が光によりおぼろげに浮き上がる

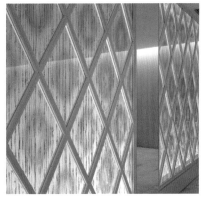

図201　スパンコールにより光をランダムに演出する

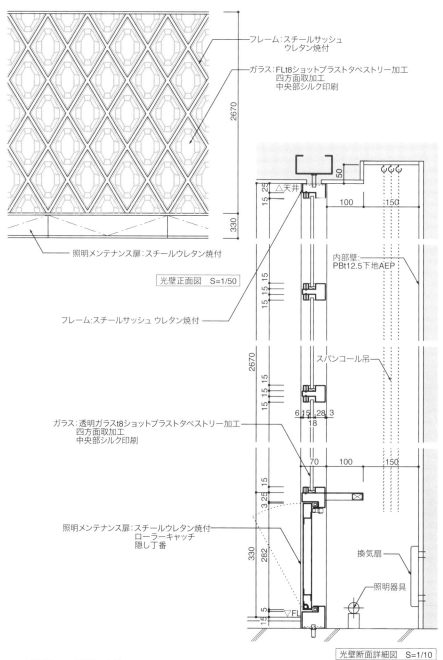

フレーム:スチールサッシ
ウレタン焼付

ガラス:FLt8ショットブラストタペストリー加工
四方面取加工
中央部シルク印刷

照明メンテナンス扉:スチールウレタン焼付

光壁正面図　S=1/50

フレーム:スチールサッシ ウレタン焼付

内部壁:
PBt12.5下地AEP

スパンコール吊

ガラス:透明ガラスt8ショットブラストタペストリー加工
四方面取加工
中央部シルク印刷

照明メンテナンス扉:スチールウレタン焼付
ローラーキャッチ
隠し丁番

換気扇

照明器具

光壁断面詳細図　S=1/10

図202　カノビアーノヴィレッタ

図203　グラマラス「伊勢丹クアラルンプール店4階」(出典：GLAMOROUS co., ltd.　HP、http://glamorous.co.jp projects/2017_014)

　「伊勢丹クアラルンプール店4階」(設計：グラマラス) のライティングデザインでは、天井一面に布をエレメントとして吊り込んでいる (図203)。これらの一定の固まりとなった布が、方向性を変えながら、布に包まれた空間をつくっている。布への光はグラデーションとなり、内部空間の照明光というよりは外部環境のような自然な陰影を感じさせる。また、それぞれの布の光の受け方が異なるため、躍動感のある柔らかな表現となっている。

アートな光を演出する

　焼肉「いせや」の壁のライティングは、LED の光源ならではのデザイン手法によって造作された。壁の LGS 下地の巾65mm の狭いスペースの内側で照明ボックスを作り、LED 光源を内蔵した。光源を LED とすることで、今まで必要であった多くのメンテナンスを必要とせず、ディテールの部分でもかなり簡素化することが可能となり、照明デザインにおいて自由度が高まったのである。光を多彩色とし、それらがナチュラルに混じり合うような光のデザインとするため、アルミ銀紙を正方形に折り、それを3角形になるようにしてさらに山高に折目をつけた (図204)。それらの周りに多彩色の色紙を入れ、アルミ銀紙に様々な角度の光をアクリル板に映り込ませた (図205)。予期せぬナチュラルな色と光の明暗が、演出的

図 204　アルミの折り目パターン（提供：加藤吉宏ア　図 205　多彩色の色を持ったランダムな光
トリエ）

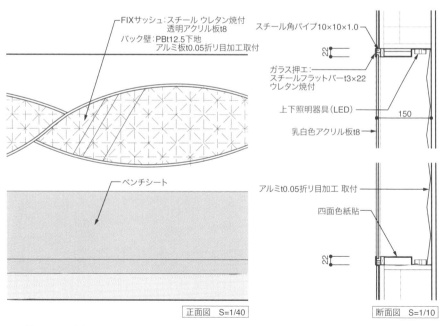

FIXサッシュ：スチール ウレタン焼付
　　　　　透明アクリル板t8
バック壁：PBt12.5下地
　　　　アルミ板t0.05折り目加工取付

ベンチシート

スチール角パイプ10×10×1.0

22

ガラス押工：
スチールフラットバーt3×22
ウレタン焼付

上下照明器具（LED）

150

乳白色アクリル板t8

アルミt0.05折り目加工 取付

四面色紙貼

22

| 正面図　S=1/40 |

| 断面図　S=1/10 |

図 206　いせや

ライティングとしての役割だけでなく、光の絵画のような新たなライティングとなっている（図206）。

デザインの核となる光を演出する

　リストウォッチ専門店「ムーンフェイズ銀座店」では、ディスプレイの機能を持つ家具デザインの一部としてライティングデザインが組み込まれている。ディスプレイ家具の素材はアルミ板を使用し、鎧張りのデザインとした（図207）。鎧張りは蛇行したラインを刻み、その一部分にアクリル板を差し込んで発光させている（図208）。アクリル板のデザインがこの店の１階ショップにおけるデザイン要素となっている。店内の中央部天井の造作照明においても、光によるデザイン要素の統一化を図っている（図209）。２階ショップでも同様にディスプレイ家具に光を仕組んだデザインとしている。２階のディスプレイ家具の素材は木製とし、連続するアーチを型どって発光させている（図210）。アーチ型のデザイン要素は壁へとつながり、家具と空間、そして天井造作照明と要素を一体化している（図211）。ライティングデザインの手法が、造形としての空間デザインの手掛かりとなっているのである。

図207　１階エントランスからディスプレイ家具を見る

図210　２階店内の天井造作照明とディスプレイ家具の印象的な光

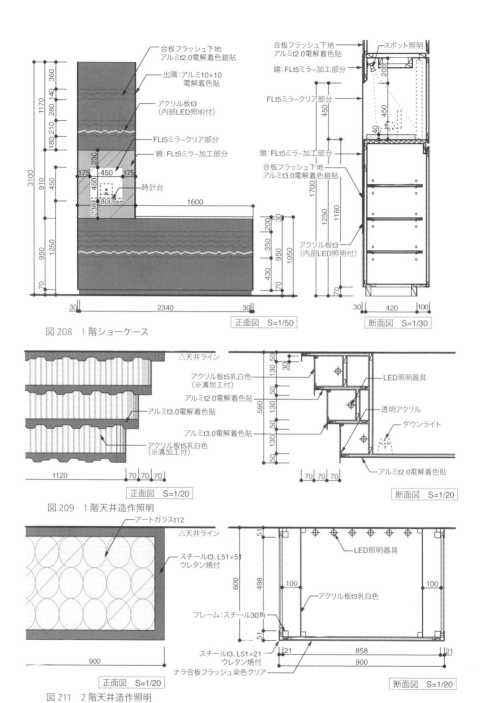

合板フラッシュ下地
アルミt2.0電解着色鎧貼

出隅：アルミ10×10
電解着色貼

アクリル板t3
（内部LED照明付）

FLt5ミラークリア部分

鏡：FLt5ミラー加工部分

時計台

正面図　S=1/50

図208　1階ショーケース

合板フラッシュ下地
アルミt2.0電解着色貼

鏡：FLt5ミラー加工部分

FLt5ミラークリア部分

鏡：FLt5ミラー加工部分

合板フラッシュ下地
アルミt3.0電解着色鎧貼

アクリル板t3
（内部LED照明付）

スポット照明

断面図　S=1/30

△天井ライン

アクリル板t5乳白色
（※溝加工付）

アルミt2.0電解着色貼

アルミt3.0電解着色貼

アクリル板t5乳白色
（※溝加工付）

正面図　S=1/20

図209　1階天井造作照明

LED照明器具

透明アクリル

ダウンライト

アルミt2.0電解着色貼

断面図　S=1/20

アートガラスt12

△天井ライン

スチールt3、L51×51
ウレタン焼付

フレーム：スチール30角

スチールt3、L51×21
ウレタン焼付

ナラ合板フラッシュ染色クリア

正面図　S=1/20

図211　2階天井造作照明

LED照明器具

アクリル板t3乳白色

断面図　S=1/20

3 光をデザインする

ジッパーのついた照明で形を変化させる

　バー「ジェミ」は光を重要なテーマとしてデザインした店である。空間デザインにおいて多彩な仕掛けを伴ったライティングとしており、造作照明器具はペンダントライトとデスクスタンドをデザインしている。ゲストルームの中央部天井に3タイプの異なるサイズのペンダントライトを浮かび上がらせている（図212）。この照明器具は、光の透過性がほど良いテント地の素材をシェードとして採用した。このテント地は障子のように薄い皮膜を通した軽さのある光ではなく、テント地の素材としての厚みが光を包み重みのある光となった。そのデザインは骨組みを包むジャンパーの形態とし、チャックの上げ下げにより光の出具合を調整することができる（図213）。同様にカウンター天板にも同素材によるデスクスタンドをデザインした（図214）。

図212　テント地素材のペンダントライト

図214　テント地素材のカウンター上のデスクスタンド

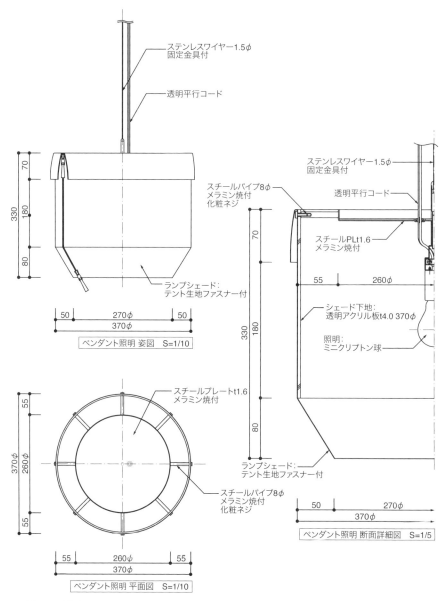

ステンレスワイヤー1.5φ
固定金具付

透明平行コード

ステンレスワイヤー1.5φ
固定金具付

透明平行コード

スチールパイプ8φ
メラミン焼付
化粧ネジ

スチールPLt1.6
メラミン焼付

ランプシェード：
テント生地ファスナー付

シェード下地：
透明アクリル板t4.0 370φ

照明：
ミニクリプトン球

スチールプレートt1.6
メラミン焼付

スチールパイプ8φ
メラミン焼付
化粧ネジ

ランプシェード：
テント生地ファスナー付

ペンダント照明 姿図　S=1/10

ペンダント照明 平面図　S=1/10

ペンダント照明 断面詳細図　S=1/5

図 213　ジェミ

アクリルを通して光をデザインする

　LEDを使った導光板によるライティング手法である。この手法こそLEDならではのデザインである。LEDは照明器具の光源として多様な製品に使われているが、様々な素材と組み合せることで、新たなデザインを生み出すことができる。現代において最も重要な素材の1つと言えるだろう。ヘアサロン「ビ・フェスカ」では、アクリルの角棒であるインゴットを使用し（図215）、4面は透明クリアー仕上げとし、先端はブラスト（すり）仕上げにより、その部分に光をためて発光させている（図216）。特注で製作したアクリルのインゴット内に羽根を混入し、宙に舞っているようなイメージとした（図217）。導光による発光は、照明器具としての役割を果たすだけでなく、もう1つの要素を加味することで、それぞれの特性が表現される新たな造形となるのである。

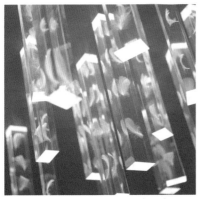

図215　天井からのアクリルインゴット内の羽根が宙を舞う

図217　壁から突き出したアクリルインゴットの光が羽根を照らす

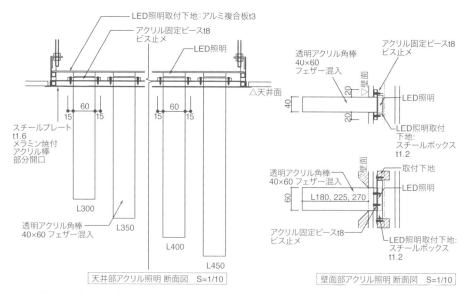

LED照明取付下地:アルミ複合板t3
アクリル固定ピースt8 ビス止メ
LED照明

透明アクリル角棒 40×60 フェザー混入
アクリル固定ピースt8 ビス止メ
壁面
LED照明
20
40
20
LED照明取付下地:スチールボックスt1.2

△天井面

60
15 15
60
15 15

スチールプレート t1.6 メラミン焼付 アクリル棒 部分開口

透明アクリル角棒 40×60 フェザー混入
壁面
取付下地
LED照明
60
L180, 225, 270
アクリル固定ピースt8 ビス止メ
LED照明取付下地:スチールボックスt1.2

L300
L350
L400
L450

透明アクリル角棒 40×60 フェザー混入

天井部アクリル照明 断面図　S=1/10

壁面部アクリル照明 断面図　S=1/10

図 216　ビ・フェスカ

図 218　クラマタデザイン事務所「ミス・ブランチ」
(出典：『倉俣史朗とエットレ・ソットサス』21-21DESIGN SIGHT 展覧会ブック、2010 年)

「ミス・ブランチ」(設計：クラマタデザイン事務所) という椅子は、透明アクリルにバラの花びらを散りばめ、インゴットにした椅子である (図 218)。アクリルの持つ透明感の浮遊性がバラの花びらによってさらに強調されている。椅子という重力を受ける物体が軽さを表現し、環境の中にある光を受け、微かな陰影を作り上げる様相は、新しい照明器具の発想へとつながった。

和紙素材で柔らかな光をデザインする

　「ピアーサーティー西日本 本社ビル」のエントランスの天井照明は、空間内部とファサードデザインの内外において、象徴的な存在となる照明である。エントランスの階段上部にあるこの照明は、ファサードの木製ルーバー越しに外部環境へと光を放っている。和紙に樹脂フィルムを貼った板を素材にして大小異なるサイズの器具をデザインした。この素材を単体で照明シェードとするため、フレーム等を付けずに製作し、素材感を強調した（図219）。和紙樹脂フィルムを平板で使用した場合はソリや歪みを生じる恐れがあるため、折り目を付けることで、コシのある和紙樹脂フィル

図 219　5 面体の和紙が軽やかに形をつくる

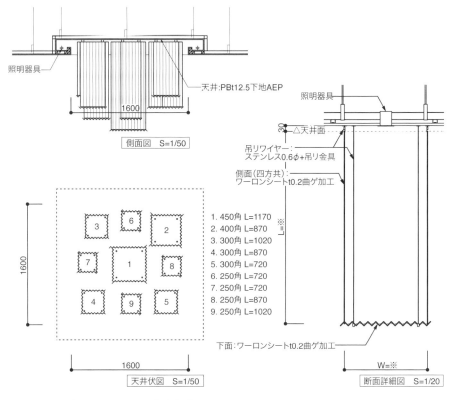

照明器具

天井:PBt12.5下地AEP

1600

側面図　S=1/50

照明器具

30

△天井面

吊リワイヤー:
ステンレス0.6φ+吊リ金具

側面(四方共):
ワーロンシートt0.2曲ゲ加工

1. 450角 L=1170
2. 400角 L=870
3. 300角 L=1020
4. 300角 L=870
5. 300角 L=720
6. 250角 L=720
7. 250角 L=720
8. 250角 L=870
9. 250角 L=1020

1600

1600

天井伏図　S=1/50

下面:ワーロンシートt0.2曲ゲ加工

W=※

断面詳細図　S=1/20

図 220　ピアーサーティー西日本 本社ビル

ムとなった（図 220）。それらは、面ごとに単体で細いステンレスワイヤー
で吊し、それぞれの面が分離した状態で、1 つの照明器具を 5 面体で構成
する形となった（図 221）。和紙素材のもつ軽やかさが作る光が立体となっ
て、木製縦格子に包まれたこの空間から外部環境へと主張する光になった。

　ペニンシュラホテル東京「ザ・ペニンシュラスパ by ESPA」のコンシェ
ルジュカウンター（設計：橋本夕紀夫デザインスタジオ）では周りに和紙
による照明を施している。カウンターの腰部、飾り棚の壁、そして天井の
湾曲した立体的な照明である。ウェーブをモチーフとした和紙素材の造作
照明をデザインしており（図 222）、ボリュームが異なる複数の照明が空
間を形成する要素となりうる存在になっている。

図221 曖昧な5面体の造形は軽やかな光を
つくり出す

図222 橋本夕紀夫デザインスタジオ「ザ・ペニ
ンシュラスパ by ESPA」（出典：『商店建築2007年10
月号』商店建築社、2007年）

レディ・メイドからオリジナルのスタンド照明をつくる

　「テトテ・ノート」のオフィス用に、テーブルスタンドとフロアスタン
ドの2タイプのスタンド照明 「テトテ・スタンド」をデザインした。両
タイプともに、既製品の懐中電灯を使用した。テーブルスタンド照明をデ
ザインするに当たり、まず懐中電灯の構造を把握することから始めた。デ
ザインコンセプトは、ヨーロッパのローソク立てをイメージし、素材は
スチールを使用してシャープなラインを目指した。懐中電灯を簡単かつシ
ンプルに取り付けられることに重きを置いてデザインした（図223）。懐
中電灯を取り付けるパーツは、厚み2.3mmのスチールプレート2ヶ所と
6mmの鉄筋を使用し、最小限のパーツによる固定方法とした（図224）。
3つが3角形の点を結ぶように配置され、安定感のある形状となった。

　フロアスタンド照明も同様に5つの懐中電灯を使用し、アッパーライト
としてデザインした。懐中電灯を取り付けるパーツのディテールをシンプ
ルに表現することよりも、それらの仕組みを消し去る手法を考えた。スタ
ンド本体はスチールパイプとし、高さが決定され、5つの懐中電灯を取り
付ける素材として透明のアクリル板を使用することにした（図225）。懐

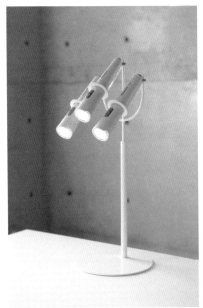

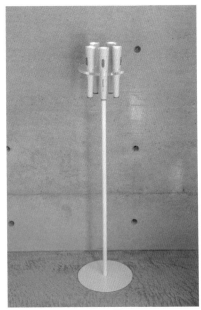

図223　デスクスタンド①　　　　　図225　アッパースタンド①

中電灯はアクリル板の円形の開口部に差し込めるディテールとした（図
226）。アクリル板もスチールパイプの上部に挟み込み、極めて構築的な
要素を省いたデザインとした。レディ・メイドの懐中電灯を使用し、それ
を最大限に表面化しつつオリジナル要素を付加することで、新たな価値を
生むデザインとなった。

オリジナルシーリングライトで演出する

　「おちデンタルクリニック長久手」の受付カウンター上部に設置した天
井付タイプのオリジナル照明器具の事例である。受付カウンターのために
照度を確保し、空間を演出するための光である。素材はアクリルパイプの
ブラスト仕上げを使用し、パイプ内の光源によって発光させ、これを単体
とせずに5個の器具による光の束とした（図227）。これらの器具は3タ

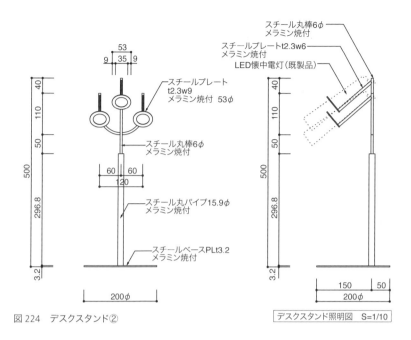

スチールプレート
t2.3w9
メラミン焼付 53φ

スチール丸棒6φ
メラミン焼付

スチール丸パイプ15.9φ
メラミン焼付

スチールベースPLt3.2
メラミン焼付

200φ

図 224　デスクスタンド②

スチール丸棒6φ
メラミン焼付

スチールプレートt2.3w6
メラミン焼付

LED懐中電灯（既製品）

デスクスタンド照明図　S=1/10

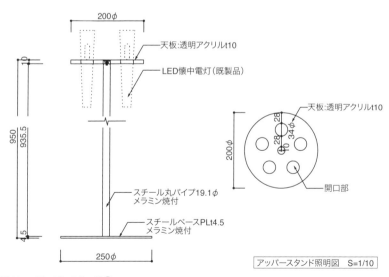

天板:透明アクリルt10

LED懐中電灯（既製品）

スチール丸パイプ19.1φ
メラミン焼付

スチールベースPLt4.5
メラミン焼付

250φ

図 226　アッパースタンド②

天板:透明アクリルt10

開口部

アッパースタンド照明図　S=1/10

図227　アクリルパイプ内を発光させ、下部にダウンライト

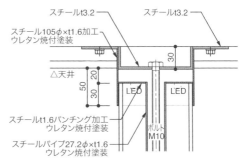

スチールt3.2　　　　　　　スチールt3.2

スチール105φ×t1.6加工
ウレタン焼付塗装

△天井

スチールt1.6パンチング加工
ウレタン焼付塗装

スチールパイプ27.2φ×t1.6
ウレタン焼付塗装

LED　　　LED

ボルト
M10

50　30　20

30

アクリルパイプ100φ×t5
ブラスト加工

5　31.4　27.2　31.4　5

30

LED　　　LED

スチールt6

70

200　170

LED　　DL

75

スチールパイプ
105φ×t1.6
クロームメッキ
仕上

φ105

断面詳細図　S=1/5

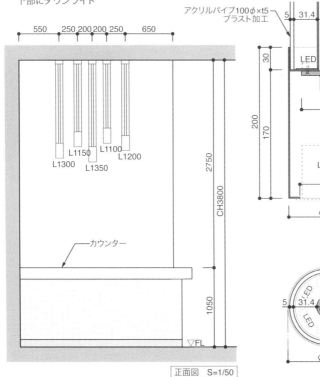

550　250　200　200　250　　650

L1150
L1300　　L1100
　　L1350　L1200

カウンター

2750

CH3800

1050

▽FL

正面図　S=1/50

LED
LED　　　　LED
5　31.4　27.2　31.4　5
LED　　　　LED
LED

φ105

平面詳細図　S=1/5

図228　おちデンタルクリニック長久手

イプに長さを変えることで、均一な光ではなく演出的な表現となり、動き
を感じさせるデザインとなった（図228）。また、器具下部分にアクリル
パイプのサイズにあった規格品のダウンライトを取り付け、受付カウン
ター上の事務機能のための照度を確保し、アクリルパイプ内の上下に設置
したLEDにより発光させている。このように演出と照度を兼ね備えた照
明器具とすることで、両者の持つ機能を最大限に生かすことが可能となっ
たデザインである。

　「国民年金会館本館」のためにデザインされたペンダント照明「フライ
ングソーサー」（設計：アルヴァ・アアルト）は（図229）、直接光ではな
く反射した光をスチール製の重ねたフィンに当て込みランプをデザインし
ている。空間に明かりをもたらす機能を果たすと同時に、柔らかな間接光
が器具のフォルムをより印象的に表現するような照明となっている。

図229　アルヴァ・アアルト「フライングソーサー」（出典:『北
欧の照明』小泉隆 著、学芸出版社、2019年）

光こそ造形の源

　造形は、光と陰によって行われる。空間デザインをより印象的に見せるには、演出をしなくてはならない。同じ壁でも光の当て方によって表現は異なるのである。したがって、最高のデザイン表現をするための最高の手法として、ライティングデザインを考えながら空間の計画が始まると言ってもよい。デザイナーは、ライティングの演出を考えながらデザインを進めるが、その光源の大きさや配光はライティングデザイナーの技術に任せるケースが多い。そして、照明単体としての光は理解していても、総合的な空間の光を理解するには実験が不可能であるため、経験値で把握する以外にないのである。ライティングこそ商空間において感動を与えるための総合的要素であり、光を追求すればするほど闇の扱い方が重要になってくる。闇が光を作り、光が闇を活かすのである。

7章　家具

主張する家具は空間の中心となる

　家具は大きく2種類に分けられる。造作家具と単体の置き家具である。そして、置き家具は、既製品とオリジナルの2種類に分けられる。この章では、筆者自身のデザインした空間に使用するために自身のコンセプトに寄り添ったオリジナルによる家具をデザインした事例を取り上げる。

　造作家具は空間のコンセプトの中から生まれることが多いが、単体の置き家具はデザイナーの造形的アイデンティから表現されることが多いと思われる。
　特に飲食店では、椅子、テーブルなどの単体の置き家具が多くなる。空間に置かれる物は全てがトータル的なイメージの中に収まっていなければならないと思うのがデザイナーである。その場合、それらの単体の置き家具をオリジナルで製作するか、既製家具から空間に合った物を選択するかという問題がある。この選択が既製家具であれば、その選んだ家具のデザイン性に空間が引き寄せられることを考えてしまうのである。その差異を埋めるべき感性にあった家具を選びきれるかが重要である。空間に置かれる物すべてがコンセプトの範疇になければ空間の完成とはならないと思うのがデザイナーの性なのである。

1 空間デザインと家具機能を併せ持つ造作家具

内外部のディスプレイを兼ねる造作家具

　リストウォッチ専門店「モンテーヌ」のディスプレイ家具は、内部空間のディスプレイと外部へのショーケースとしてのディスプレイの両機能を備えた造作家具である。ファサードのガラス面に等身大の大きさのディスプレイ家具が3台置かれ、内部ディスプレイと外部ディスプレイが背中合わせとなっており（図230）、商品は内部から引き出せるようになっている（図231）。比較的コンパクトなショップでは、展示すべき商品量と効果的な演出の接点を考慮することが重要であり、このようにディスプレイ家具で内外部の機能を一体化することで、適度な目隠しとなり、かつ開放感を与えるバランスの良いデザインとなった（図232）。

　アイウェアショップの「デコラ大阪」（設計：インフィクス）では、多くの商品をファサード部分にディスプレイせず、天井からぶらさがった家具の下方が開放され、客の足元のみが見える（図233）。商品を表面化しないことで期待感を与えるデザインである。

図230　ファサードより外部ディスプレイを見る

図231　内部ディスプレイを見る

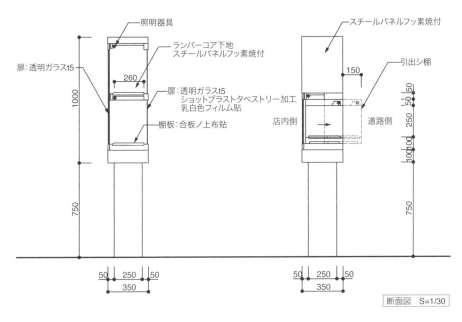

照明器具

ランバーコア下地
スチールパネルフッ素焼付

扉：透明ガラスt5

260

扉：透明ガラスt5
ショットブラストタペストリー加工
乳白色フィルム貼

棚板：合板ノ上布貼

1000

750

50 250 50
350

スチールパネルフッ素焼付

150

引出シ棚

店内側 → 道路側

50 50
250
100 100

750

50 250 50
350

断面図　S=1/30

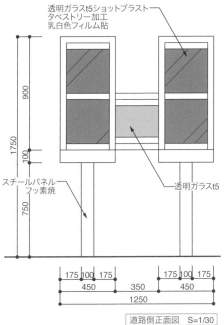

透明ガラスt5ショットブラスト
タペストリー加工
乳白色フィルム貼

900

1750

100

750

スチールパネル
フッ素焼

透明ガラスt5

175 100 175
450
350
175 100 175
450
1250

道路側正面図　S=1/30

図 232　モンテーヌ

図 233　インフィクス「デコラ大阪」（出典：
infix design inc. HP、http://www.infixdesign.com/
project/detail/100）

空間と一体化したワインラック

　鉄板焼き「団居」のワインセラーでは、2.5m² の空間に約180本のワインが入るラックをデザインした。1人が入って振り向ける程度のワインセラーではあるが、鉄板焼きの店にとっては重要な機能である。ワインセラー内を一定温度に保つための空調システムは、天井の木ルーバーから冷風を流すようにした。2面の壁はカラーガラスとし、ゲストルームに面した2面はガラス張りとして、空間の一体化を図れるデザインとした（図234）。ラックの素材を木製とし、空気の流れを考慮するため木ルーバーとすることで、室内温度を一定に保ちやすく、ボトルの安定性も確保できる（図235）。ワインセラーのラックデザインにおいては、ワインの見せ方と同様にその素材やパーツにおけるディテールが機能と構造を考えたものになっていなければ、ワインを美しく見せることができないのである（図236）。

図234　カウンターよりワインセラーを見る（提供：オーデリック）

図235　木製ラックによるワインセラー（提供：オーデリック）

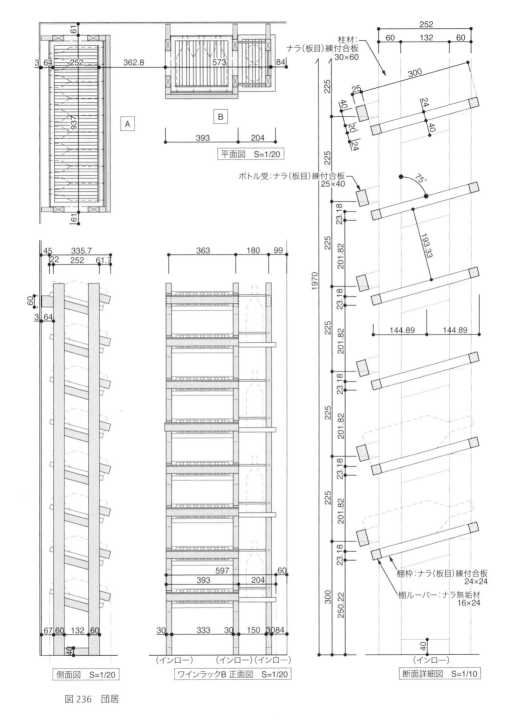

A

B

平面図　S=1/20

側面図　S=1/20

ワインラックB 正面図　S=1/20

断面詳細図　S=1/10

柱材：ナラ(板目)練付合板
30×60

ボトル受：ナラ(板目)練付合板
25×40

棚枠：ナラ(板目)練付合板
24×24

棚ルーバー：ナラ無垢材
16×24

（インロー）　　（インロー）（インロー）

（インロー）

図 236　団居

1　空間デザインと家具機能を併せ持つ造作家具　　165

ディスプレイ機能をもつ巨大化した椅子

　ブティックのデザインは、商品の見せ方や売り方といったディスプレイの手法に大きく左右される。服のディスプレイとしては「置く」「掛ける」のいずれかではあるが、これを印象的なものとするために、ブティック「ヒロコーズ」では椅子やベッドなどの家具をモチーフにした形態を、ディスプレイ可能なサイズまで巨大化させてデザインした。スチール製の椅子は通常の2倍のサイズにすることで背より高く上げ（図237）、そこにハンガーを掛けられるようにしてディスプレイした（図238）。ベッドも同様に2倍の高さにすることで通常のテーブルの高さとなり、天板をガラスにしてシャツなどの平置きのディスプレイに転用した（図239）。これらの展示は家具的なものであるため、移動することが容易である。家具としての機能性を変化させることで別の機能が生まれ、また形態としての機能が見え隠れすることでディスプレイとしての新たな表現となるのである。

　シューズショップの「Hills Avenue Flagship Store」（設計：吉岡徳仁デザイン事務所）でのディスプレイは、造作家具によるものではなく、空間要素の1つとして存在している。それは、細いスチールパイプが無数に立

図 237　オーバーサイズの椅子型のディスプレイ台

図 239　オーバーサイズの家具型のディスプレイ台

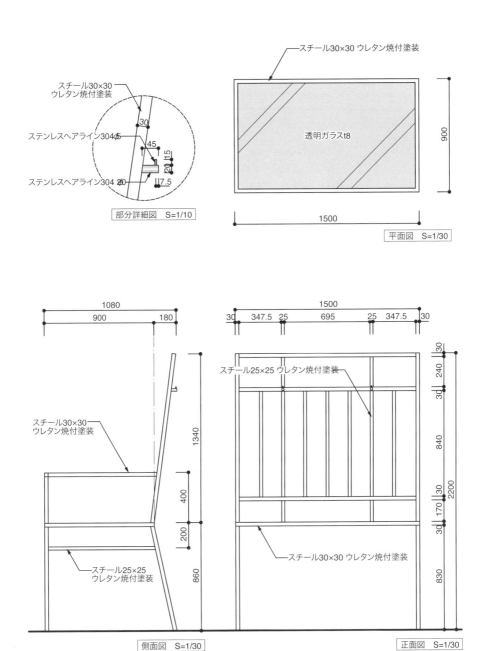

スチール30×30
ウレタン焼付塗装

ステンレスヘアライン304 t5

ステンレスヘアライン304 t20

30

45

20 15

17.5

部分詳細図　S=1/10

スチール30×30 ウレタン焼付塗装

透明ガラスt8

900

1500

平面図　S=1/30

1080

900

180

1

スチール30×30
ウレタン焼付塗装

スチール25×25
ウレタン焼付塗装

1340

400

200

860

側面図　S=1/30

1500

30　347.5　25　695　25　347.5　30

スチール25×25 ウレタン焼付塗装

30
240
30

840

30

170

30

2200

830

スチール30×30 ウレタン焼付塗装

正面図　S=1/30

図 238　ヒロコーズ

図 240　吉岡徳仁デザイン事務所「Hills Avenue Flagship Store」(出典: 吉岡徳仁デザイン事務所 HP、https://www.tokujin.com/works/2017-hills-avenue-white-forest)

ち並び、そこから跳ね出すプレートにシューズがディスプレイされ、空中に浮いているかのようである（図 240）。ショップは全面ガラス張りであるが、スチールパイプの縦レイヤーにより生まれる外部との距離感が、心地よさを感じさせる空間となっている。

可動式ディスプレイ棚をデザインする

　「スピカブティック」では、商品ディスプレイ棚を可動式とし、商品構成によって場所を変えられるような棚とした。そもそもブティックにおいては、商品ディスプレイが空間のあり方を決定することが多い。そしてディスプレイ棚に自由度があれば、プランニングにおいては通常の動線を考慮する必要性が少なくなるのである。このショップは、物を置くという単純な機能のための可動棚というコンセプトに基づきデザインとした。ステンレスパイプを使い、工具台のような簡素な形態のフレームデザインとした（図 241）。棚になる部分は、テープ状になったカラフルなビニール製の帯を使って編み込んだ（図 242）。この家具では、可動させるためのハードな構造と、ビニール製の帯に置く服の柔らかさが相反したイメージを表現している。

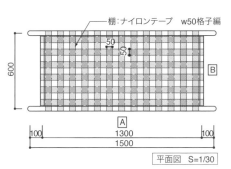

棚:ナイロンテープ　w50格子編

50
50

600

B

A

|100| 1300 |100|
1500

平面図　S=1/30

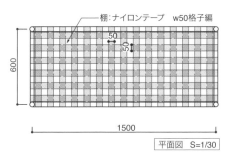

棚:ナイロンテープ　w50格子編

50
50

600

1500

平面図　S=1/30

図 241　可動式ディスプレイ棚（撮影：加斗タカオ）

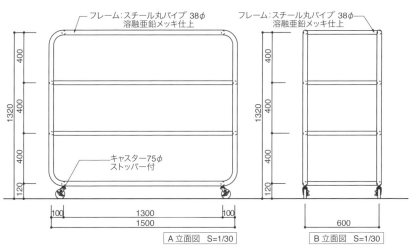

フレーム:スチール丸パイプ 38φ
溶融亜鉛メッキ仕上

フレーム:スチール丸パイプ 38φ
溶融亜鉛メッキ仕上

400
400
400
120
1320

400
400
400
120
1320

キャスター75φ
ストッパー付

|100| 1300 |100|
1500

600

A 立面図　S=1/30

B 立面図　S=1/30

図 242　スピカ・ブティック

1　空間デザインと家具機能を併せ持つ造作家具　　169

2 椅子は機能とデザインで 空間に影響を与える

異種素材のパーツをつないで椅子をつくる

　「テトテ・チェア」は東京デザインウィークに出展した椅子である。限定した空間のためにデザインしたものではなく、建築や空間に対しての考え方を造形の根幹としてデザインした椅子である。木、ステンレス、アクリルの3つの材料を使い（図243）、各々をステンレスのボルトによりつないで椅子の形状にしていく。木とアクリルはL字型の座と背の部分とし、ステンレスのパーツを脚とした（図244）。テトテ・チェアの名の通り手と手をつなぐように、異なる素材が1つの椅子としての機能とディ

図243　パーツの連続で椅子を構成する

図245　異なる素材で機能とディテールを形づくる

テールとなっていく。この考え方は椅子だけでなく、サイズが変わればベンチにもなり、マットを引けばベッドの機能へも変化していくのである（図245）。

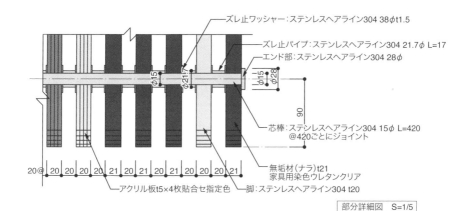

ズレ止ワッシャー：ステンレスヘアライン304 38φt1.5
ズレ止パイプ：ステンレスヘアライン304 21.7φ L=17
エンド部：ステンレスヘアライン304 28φ
φ15　φ21.7　φ15　φ28
90
芯棒：ステンレスヘアライン304 15φ L=420
@420ごとにジョイント
20@　20　20　20　21　20　21　20　21　20　20　20　21
無垢材(ナラ)t21
家具用染色ウレタンクリア
アクリル板t5×4枚貼合セ指定色
脚：ステンレスヘアライン304 t20

部分詳細図　S=1/5

547
20　20
アクリル板t5×4枚貼合セ指定色
芯棒：ステンレスヘアライン304 15φ L=547
無垢材(ナラ)t21
家具用染色ウレタンクリア
325
755
430
無垢材(ナラ)t21
家具用染色ウレタンクリア
ズレ止パイプ：ステンレスヘアライン304 21.7φ L=20
脚：ステンレスヘアライン304 t20
エンド部：ステンレスヘアライン304 28φ
40　426　41
20　547　20

正面図　S=1/20

400　50　50
50
90
400
95°　90
400
90
90
20　50
50　50
50　50　50
410
410
30　440　30
500

側面図　S=1/20

図244　テトテ・チェア

コミックのフキダシをデザインした椅子

　「フキダシ・チェア」は、小学生対象の学習塾「モノリス・ラボ7」の空間のためにデザインした椅子である。「フキダシ」は、コミックの吹き出しを形どったものである。コミックの絵は行動を意味し、吹き出し部分は表現を表している（図246）。成型合板の型に吹き出しの形のスケッチを描き、レーザー抜きをした。吹き出しの形は2タイプとし、7色と木目のタイプを製作した（図247）。この椅子のコンセプトは、座る人それぞれの思いを表現させるようなデザインとすることである（図248）。

　成型合板によるチェアは、フリッツ・ハンセンの「セブンチェア」を筆頭に多くのデザイナーによる作品が発表されている。その中でも「SANAAチェア」（設計：SANAA）は（図249）、デザインとしてのユニークさとSANAA作品の空間の中での微妙なノイズを発しながら存在感を示す作品である。

図246　正面から見たフキダシ・チェア

図247　7色と木目のタイプのフキダシ・チェア

L型合板をフキダシ型にフリーハンド切り出し

合板型取り案 Aタイプ

合板型取り案 Bタイプ

成型合板t10.5

420

H=840

SH=420

脚：スチールパイプ
15.9φ
クロームメッキ仕上

D420　W420

側面図　S=1/15

図 248　フキダシ・チェア

図 249　SANAA「SANAA チェア」(提供：加藤
吉宏アトリエ)

心地よさはディテールから始まる

　「TWチェア」は、和食店のオリジナルチェアとしてデザインしたものである。空間の仕上げは、和の素材である木と塗り壁により構成した。同様に椅子の素材においても木を使用し、空間に馴染ませることと座りやすさを考慮した。フレームと背になる部分を木製とし、座は布張りのデザインとしている。背になる木の横材をアール加工して背に馴染むようにし、横材を格子にすることで和の空間との一体感を出している。木製の椅子においては、重量感を打ち出す場合と軽さを出しミニマルなデザインとする場合があるが、この店の椅子ではまさしくこの両者の中間を表現するデザインを志した（図250）。背の横材はホールド感を重視するため6本とし、

材料仕様
　材：ホワイトアッシュ材
　塗装色：モルトブラウン色（ウレタン塗装）
　シート張地：シャームミックスピンク
　シートバネ素材：ナイロンメッシュ

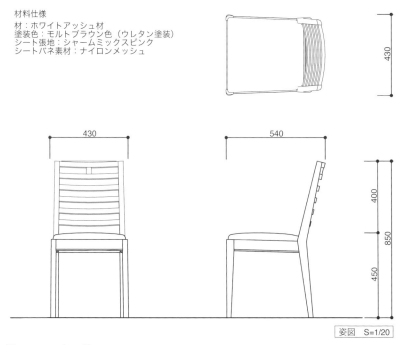

姿図　S=1/20

図250　TWチェア①

脚部や背のフレーム角材の外回りを大きくアール加工し（図251）、全体のサイズ感を細身にさせると同時に軽量化させている。このようなデザイン性を考慮することで、手に触れる部分の感触の良さという機能と和のディテールを感じさせることができる。

図 251　TW チェア②

3　空間のイメージをテーブルが表現する

アートオブジェクトとしてのテーブル

　「RMテーブル」はバーのためにデザインしたテーブルである。このバーはマルセル・デュシャンの作品名と同名の「レディ・メイド」であり、アート性の高い空間にするため、建築的に多くをデザインせず、アーティスティックな手法で作られている。このテーブルは、機能として物が置ける台であることが唯一テーブルと名乗れる理由である。素材は、軽石ブロックを張り合わせてインゴットにしたものを彫刻し、テーブルの脚部とした（図252）。その上部にガラス天板を乗せ、軽石ブロックの脚部に一輪挿しを設けた。（図253）。初めからテーブルとしてデザインするのではなく、テーブルとして使うことが可能となったオブジェクトとしての表現である。

図252　オブジェクトとしてのテーブル（撮影：氷室徹）

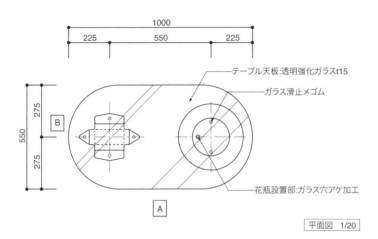

テーブル天板:透明強化ガラスt15

ガラス滑止メゴム

花瓶設置部:ガラス穴アケ加工

平面図　1/20

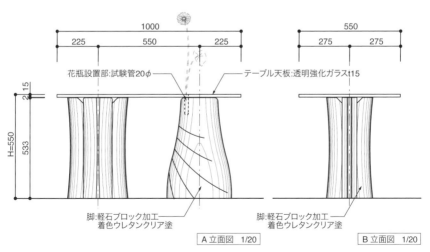

花瓶設置部:試験管20φ

テーブル天板:透明強化ガラスt15

脚:軽石ブロック加工
着色ウレタンクリア塗

脚:軽石ブロック加工
着色ウレタンクリア塗

A 立面図　1/20

B 立面図　1/20

図 253　RM テーブル

テーブルと空間を同時にデザインする

　「AE テーブル」はファニチャーショップ「アルマ・エスパシオ」の商品として販売されていたものである。このショップでは、スチール家具をメインとしたショップコンセプトで空間とファニチャーをデザインした。テーブルのフレームは方向性のないランダムな組み方とし、仕上げは銅腐食加工とした（図 254）。天板ガラスは、エッジをクラッシュ加工させ、その部分をブラスト仕上げとし自然なラインを表現した（図 255）。ガラス天板に開口部を設け、銅メッシュを器に型取って FRP により固め、その器を一輪挿しにした。スチール製のハードな素材を均一性のないデザインと融合させたオブジェクトに、有機的な花を組み合わせた作品である。

図 254　砂利敷の中に置かれた「AE テーブル」
（撮影：加斗タカオ）

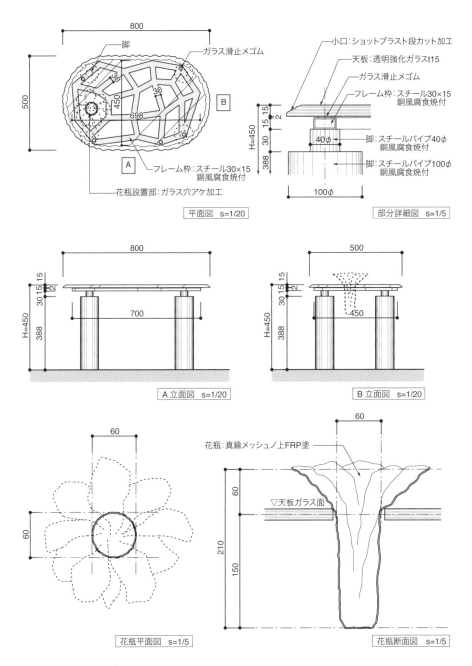

平面図　s=1/20

小口：ショットブラスト段カット加工
天板：透明強化ガラスt15
ガラス滑止メゴム
フレーム枠：スチール30×15
銅風腐食焼付
脚：スチールパイプ40φ
銅風腐食焼付
脚：スチールパイプ100φ
銅風腐食焼付

部分詳細図　s=1/5

脚
ガラス滑止メゴム
800
500
30
30
450
698
B
A
フレーム枠：スチール30×15
銅風腐食焼付
花瓶設置部：ガラス穴アケ加工
40φ
100φ
H=450
15 15
2
30
388

A 立面図　s=1/20

800
700
H=450
15 15
30
2
388

B 立面図　s=1/20

500
450
H=450
15 15
30
2
388

花瓶平面図　s=1/5

60
60

花瓶断面図　s=1/5

花瓶：真鍮メッシュノ上FRP塗
▽天板ガラス面
60
60
210
150

図 255　AE テーブル

浄化機能をもつテーブル

　「カーボン・テーブル」は、「オフィス・モノリス」で提案した打合せテーブルである。開口部が少ない事務所の環境を少しでも良くするため、炭をインテリアに置いて空気浄化に役立てようとしたのである。炭を身近に感じさせるために、テーブルと一体化したデザインにした。ガラス天板の下部のパンチング孔を設けたアクリルボックス中に備長炭を入れ、空気の流動が可能となるようにした（図 256）。炭を天板上にディスプレイ的に置くのではなく、空気浄化のための炭がデザイン要素となったテーブルである。（図 257）。

図 256　打合せ用としての「カーボン・テーブル」

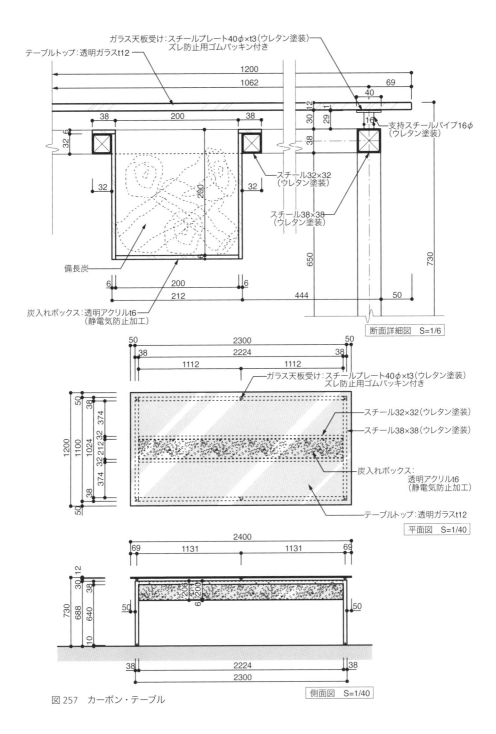

テーブルトップ：透明ガラスt12

ガラス天板受け：スチールプレート40φ×t3（ウレタン塗装）
ズレ防止用ゴムパッキン付き

支持スチールパイプ16φ
（ウレタン塗装）

スチール32×32
（ウレタン塗装）

スチール38×38
（ウレタン塗装）

備長炭

炭入れボックス：透明アクリルt6
（静電気防止加工）

断面詳細図　S=1/6

ガラス天板受け：スチールプレート40φ×t3（ウレタン塗装）
ズレ防止用ゴムパッキン付き

スチール32×32（ウレタン塗装）

スチール38×38（ウレタン塗装）

炭入れボックス：
透明アクリルt6
（静電気防止加工）

テーブルトップ：透明ガラスt12

平面図　S=1/40

側面図　S=1/40

図257　カーボン・テーブル

あとがき

エレメントから導くデザイン

　現代、我々の生活様式の変化は、個人よりも公共的な環境において目まぐるしいものがある。時代性によるトレンドや経済の動向は大きく商業の核を揺るがしている。今やビジネスの枠組みは細分化している中、ニーズさえ合致すればどんなに小さな隙間であってもチャンスを掴むことができるのである。

　建築の分野では、21世紀に入りLEDという新たな光を手に入れ、間違いなくそれまでのデザインとは異なる提案を導いてくれた。21世紀の中盤を見据える時に来て、まさしく世界共通の魂となりうる「AI」がすべての環境に浸透し始めている。商空間・商環境の広いフィールドの中で、どのような形で「AI」と共存していけるかは、未知ではあるが新たな発想へとつながると思うのである。

　商空間を計画するにあたり、空間の見せ方はビジネスの方向性から成り立ち、コンセプトから計画へと展開していく。しかしながら、全てのデザインが同じ手法によって進むわけではなく、集客するための方法を個別に模索しなければならない。

　筆者が建築の仕事を始めた頃、建築雑誌を見ながらデザイン手法を読み取ろうとするものの、その内側のディテールについては想像するのみであった。しかし、作り方を考えることこそが、デザインする行為の始まりなのである。現代においては、実際に現場で調べる前に簡単に情報を入手することができてしまうため、「なぜ、そのデザインに至ったか」を深く知る余地がない。本書では、7つに分類したデザインエレメントをディテールとともに図面化することで、デザインの起こし方を理解することができる。商空間となる場を見据えながら、コンセプトがディテールを生み出しデザインとなっていく過程を示したのである。

デザインとは、形となった言葉である。そこから発する言葉は誰もが自由に語ることができる。そこには、正解など必要ないのである。形となったデザインこそ、多様性を含む言葉であり、自由の証でなければならない。

　2019年12月に中国武漢で発生した新型コロナウイルスによる影響は、今年の始めには日本にも迫ってきた。それは、瞬く間に世界的なパンデミックとなった。5月末になって緊急事態宣言が徐々に解除となったが、この間、仕事はリモートワークに、教育機関は休校に、そして街中の商業施設は営業自粛となり、現代人にとって未曾有の経験となった。

　建築は、生活をより良いものとするため、あらゆる発展と共に変革し続けたが、しかし我々が経験したこのウイルスによって、命を守るために、身のまわりの生活から変革を余儀なくされることになった。その変革の波は生活から空間へと移行し、既に新たな様式の時代に入ったと考えられる。この先のポストコロナにおいては、新型コロナウイルス以外のウイルスに対する空間機能もデザインの基準に加えられ、「ウイルスモデュール」による距離感を考慮した空間サイズや、衛生環境などによる「ウイルススタンダード」の空間構築は、商空間の機能とデザインにおけるもう1つのデザインエレメントを引き出す要因になると思うのである。

2020年5月

著者略歴

加藤吉宏（かとう　よしひろ）

1957 年愛知県生まれ。1980 年愛知工業大学工学部建築学科卒業。1980 年から設計活動に従事。1985 年加藤吉宏アトリエ創立。2013 年名古屋工業大学大学院工学研究科社会工学専攻博士後期課程終了。博士（工学）。現在、愛知産業大学造形学部建築学科教授。JCD デザイン賞、IIDA 国際照明デザイン賞（アメリカ）、MUSE Design Awards（ニューヨーク）他受賞多数。著書『仕掛ける空間デザイン』（六曜社、2015 年）。

商空間のデザインエレメント
ディテールで学ぶ提案力の教科書

2020 年 8 月 10 日　第 1 版第 1 刷発行

著　者………加藤吉宏

発行者………前田裕資

発行所………株式会社 学芸出版社

京都市下京区木津屋橋通西洞院東入
〒600-8216　電話 075-343-0811
http://www. gakugei-pub. jp/
Email　info@gakugei-pub. jp

編集担当……岩﨑健一郎、古野咲月

装　丁………Iyo Yamaura

DTP ………株式会社フルハウス

印刷・製本…シナノパブリッシングプレス

※本文中に特記なき場合の写真の撮影は Nacása & Partners Inc.